고독에　관하여

※ 이 책은 요한 치머만의 저서 《고독에 관하여Ueber die Einsamkeit》(1784, 1796) 중 1부의 내용을 발췌하여 엮은 것입니다.

고독에 관하여

SOLITUDE

요한 G. 치머만 지음

이민정 옮김

중앙books

차례

고독은 '도피'가 아닌 '피난처'다

　고독이란 지적인 상태다. 고독 안에서 우리의 정신은 스스로의 모습을 마주하고 이를 받아들인다. 따라서 외부의 모든 대상으로 향해 있던 주의를 거두어 자신의 생각을 고찰하는 데 전념하는 철학자가 사회를 등진 채 혼자만의 삶을 고요히 즐기며 살아가는 자에 비해 고독하지 않다고 보기는 어렵다.

　'고독'이라는 말이 세상과 그에 따른 모든 관심사로부터 철저히 도피함을 뜻하는 것만은 아니다. 가정이라는 공동체나 시골 마을, 혹은 박식한 벗의 서재 역시 저마다 고독의 장이 될 수 있다. 인적이라곤 찾아보기 힘들 정도로 먼 곳에 자리한 어느 한적하고 고요한 나무 그늘이 그런 것만큼이나 말이다.

누구든 혼자이지 않은 상황에서도 종종 고독에 빠질 수 있다. 제아무리 눈부신 혈통을 뽐내는 거만한 귀족일지라도 무리에서 떨어져 있다면 고독한 법이다. 생각에 깊이 잠기길 즐기는 추론가라면 신나게 떠들어대는 자들과 함께할 때 고독하다. 수많은 사람들 사이에서 정신은 다른 곳을 향한다. 이때 정신은 주변의 모든 대상으로부터 물러나 오롯이 정신 자체에만 집중한다. 그 순간 자신의 정신에 집중하는 이들은 절에 들어가 지내는 수도승이나 동굴에 숨어 사는 은둔자만큼이나 혼자다. 그러니까 떠들썩한 도시에서 생활하든, 평화롭기 그지없는 전원에서 은둔하든 고독은 찾아들 수 있다. 런던과 파리에 있든 테베의 평원과 니트리아 사막에 있든 상관없이 말이다.

외부의 여러 대상으로 쏠려 있던 정신을 거두어들이면 그때부터 정신은 자체적 생각이 지시하는 바를 자유롭고도 광범위하게 취하게 된다. 또, 은연중에 그 소유자의 취향과 기질, 성향, 재능을 따른다. 브라반트Brabant(유럽 서부에 자리한 옛 공국_옮긴이)의 한 남자는 집 밖으로 한 발짝도 나가지 않은 채 25년을 지내며 그 기나긴 시간 동안 수많은 그림과 화법을 창출해 냈다. 설령 불운한 포로로 영원히 감금되어야 한다 해도 한 발 물러서서 상황이 허락하는 한 영혼을 가득 메운 열정을 받아들인다면, 운명의 가혹함도 누그러뜨릴 수 있을 것이다.

스위스 철학자 미카엘 뒤크레Michael Ducret는 스위스 베른주의 아르부르크Aarburg 성에 갇혀 있는 동안 알프스 산의 높이를 측정해 냈다. 트렌크Trenck 남작은 마그데부르크Magdebourg에서 투옥 생활을 하는 동안 탈출을 감행할 계획을 구상하며 끊임없는 열망에 불타올랐다. 반면 함께 감금되어 있던 왈라브Walrave 장군은 닭에게 모이를 주며 한가로이 시간을 흘려보냈다.

무릇 인간의 정신이란 외적 자원을 구하는 만큼이나 내면으로부터 행복의 의미를 찾으려 부단히 노력하게 마련이다. 또, 자신의 노력과 행위를 신뢰하는 법을 터득해 나가는 동시에 행복함으로 인해 얻는 힘을 더욱 확신하게 된다. 따라서 어찌 보면 '고독한 작업'이란 인간에게

고독에 관하여

지극한 행복을 추구하도록 하는 듯하다.

세상의 방탕과 쾌락, 그것에 따른 탐욕을 가치 없게 여기듯 나는 사회적 활동을 전적으로 저버리는 황당한 제도에도 반대한다. 제대로 들여다보면 둘 다 똑같이 낭만적이고 실현 불가능하다. 타인의 지원 없이 오직 자기 힘만으로 독립하여 살아갈 수 있다는 것은 분명 인간 정신의 고귀한 노력이다. 인정한다. 하지만 우리 자신이 행복해지고, 다른 사람에게도 도움이 되는, 즉 함께 살아가는 기쁨을 즐기는 방법을 터득하는 것 또한 그에 못지않게 위대하고 품위 있는 일이다.

그러므로 비록 내가 일시적 은둔의 이점에 주목하도록 독자들에게 권하긴 하지만, 동시에 철학을 공부하는 일부 학도들이 빠지곤 하는 위험한 무절제에 대해서도 경고하는 바다. 이러한 무절제는 이성과 종교에도 부합하지 않는다.

이쯤에서 내가 다루는 주제를 둘러싼 온갖 위험들을 기꺼이 짚고 넘어가 보자면 이러하다. 즉 손해라곤 일절

보지 않고 희생을 감행하려는 태도와 사실성을 조금도 침해하지 않겠다는 태도, 판단력과 분별력을 발휘하기에 앞서 누군가의 허락을 구하려는 태도가 바로 그것이다! 만일 고뇌하던 중 간신히 한 줄기 위안을 느끼거나 고통스러운 가운데 찾아든 우울감이 고개를 치켜든다면 어찌할 것인가. 전원생활을 즐기는 이에게 번잡한 도시 생활이 주는 강렬한 즐거움 앞에선 전원의 눈부신 생기도 죄다 말라비틀어져 퇴락하는 법이라고 설득하려 든다면, 그리하여 마음속 뜨거웠던 감정이 차갑게 식어 무기력해진다면 어떨까.

그런가 하면 전원이 주는 크나큰 즐거움을 피력하는 건 또 어떨까. 그러니까 나른할 정도로 게으른 생활에 비해 전원생활에서 얻을 수 있는 건 얼마나 많은지, 푸릇푸릇한 초원과 해 질 무렵 양 떼가 드넓은 초원을 가로지르는 광경이 얼마나 순수한 감상과 평온한 휴식, 드높은 행복을 불러일으키는지를 말이다. 오두막에서 행복하고 자유로우며 만족스럽게 살아가는 모습이 더해진 자연스럽고 매력적인 전원의 낭만적 풍경은 또 우리의 영혼을 얼마나 고양시키는가. 또 방탕한 도시에 만연한 따분하고

고독에 관하여

무미건조한 오락거리들에 비해 전원에서 기쁜 마음으로 일하는 건 얼마나 더 흥미로운지. 극심한 슬픔에 빠진 경우라면 화려한 건물들에 에워싸여 기만적인 기쁨을 느끼기보다는 흐르는 개울가에 가만히 앉아 있는 편이 훨씬 더 수월하고 기분 좋게 마음을 가라앉힐 수 있을 것이다. 그렇게 바라는 모든 것이 이루어지고 행복은 완성된다.

'은둔'의
이점

잠시 세상을 멀리하고 은둔하는 것은 인생을 두 시기로 나눠 놓고 볼 때 특히 유익할 것이다. 우선 젊은 시절에 은둔을 경험한다면 가장 기본적인 유용한 정보를 습득하게 되는 건 물론이고 앞으로 구축해 나가려는 성격의 토대를 마련할 수 있다. 또한, 살아가는 동안 자신을 이끌어줄 일련의 사고 체계 역시 마련하게 된다. 그런가 하면 나이가 들어서 경험하는 은둔은 그간의 삶을 되돌아보게 한다. 살아오면서 목격한 일들, 겪어 온 우여곡절을 반추하게 되는 것이다. 노년기에 접어든 우리는 삶의 길목에서 주워 담은 꽃들의 아름다움을 즐기는 동시에 인생의 풍운을 꿋꿋이 헤쳐 나왔음을 자축한다. 볼링브룩Bolingbroke은 그의 《애국 군주론》에서 프랜시스 베이컨Francis Bacon의 작품 중에서도 다음의 글만큼 심오함과 예리한 관찰력이 돋보이는 부분은 없다고 언급한다.

"우리는 저마다의 형편에 맞는 덕목을 시기적절하게 선택하여 추구해야 하며 각자가 처한 상황과 그에 따른 책임을 준수해야 한다. 또 그런 식으로 마음을 정하고 그러한 덕목을 추구함을 업으로 삼아 일평생 이를 달성하도록 해야 할 것이다. 그러므로 유약하고 느린 데다 불완전하게 돌아가는 기술이 아닌 위대한 자연의 섭리를 본받아야 마땅하다. 품성을 빚어 나가는 데 있어서도 조각상을 조각하듯 때로는 얼굴, 때로는 이쪽, 또 때로는 다른 쪽을 작업해서는 안 될 것이다. 우리는 자연이 꽃을 비롯한 다른 모든 산물을 빚어나가듯 그렇게 각자의 자력으로 품성을 형성해야 한다. 자연은 모든 걸 한꺼번에 건넨다. 모든 존재의 전체적 체계는 물론 각 부분의 시작이 되는 씨앗까지 말이다."

고독에 관하여

나 역시 이 글을 통해 특히나 도덕적으로 감화되기 쉬운 젊은이들을 염두에 두고 지극한 행복에 이르는 길을 안내해 보려 하는 것이다. 만일 그들이 깨우침을 얻어 태도가 교정되고 마음이 평화로워진다면 나는 내 계획이 성공했음을 자축하며 내 노고가 충분히 보상받았다고 여길 터이다.

그러니 세상의 온갖 술수와 흥겨움에 취했다 해도 아직은 도덕 교육의 규범을 잊지 않은 유쾌한 젊은이들이여, 내가 하는 말을 새겨듣기 바란다. 수치스러운 자만에 물들지 않은 자들이여. 아직 유혹의 속임수와 감언이설에 눈뜨지 못한 자들이여. 그리하여 여전히 영예로운 행동을 하고자 하는 열망과 이를 성취해 낼 힘을 품은 자들이여. 한데 모여 춤추고 축배를 드는 와중에도 만족스럽지 못한 여흥에서 탈피하고자 하는 자들이여. 그런 그대들에겐 '고독'이야말로 안전한 피난처라 하겠다.

인생을 먼저 경험한 자는 이렇게 권한다. 집에 머물며 즐거움을 누리는 데 익숙해질 것이며, 고결한 일을 하도록 영혼을 북돋우라고 말이다. 더불어 냉철한 판단과 대담한 정신을 갖춰 갖가지 유형의 인물들은 물론, 사회에 만연한 온갖 여흥을 제대로 가늠해 낼 줄 알아야 한다고 권한다. 그러나 이러한 경지에 이르고자 한다면 우선 타락한 자들의 사소하고 하찮은 선례를 멀리하고, 고대 그리스와 로마, 근대 영미권의 걸출한 인물들을 연구해야 한다. 보다 저명한 위인들은 어디서 찾아볼 수 있다는 말인가? 용맹스러움과 용기, 굳건함, 그리고 지식을 좀 더 갖춘 이들은 누구일까? 예술과 과학은 어디에서 더욱 찬란하게 빛나고 또 더 큰 효용성을 발휘하는가?

물론 머리를 짧은 스타일로 다듬는다고 해서 영국 신사의 품성을 갖출 거라고 여기며 자신을 기만하는 일은 없도록 해야겠다. 대신 정신에 자리한 악의 뿌리를 뽑아내고 가슴에선 나약함의 씨앗을 제거하여 훌륭한 영웅들의 미덕을 따르려 해야 할 것이다. 사실 영국 신사의 품성을 이루는 건 짧게 다듬은 머리와 반장화, 중산모가 아니라 '자유에 대한 열정적 사랑'과 '굴하지 않는 용기', '깊은 통찰력', '고상한 정서' 그리고 '고상하게 잘 함양된 이해심'이라 하겠다. 모름지기 의복이란 합리적 정신을 채우기엔 너무도 극미하고 하찮은 법이다. 뛰어난 혈통은 보다 두드러진 즉각적 승계자에게 실질적 효력을 발휘하므로 이러한 경우에만 이롭게 작용한다. 그러나 중요한 한 가지 사실만은 간과하지 말아야겠다.

누구든 '자신을 제대로 알지 않고서는 진정으로 위대해질 수 없다.' 더불어 우리는 '일시적 은둔'을 통해서만 자신을 파악해 낼 수 있다.

I

고독이 정신에 미치는 영향

세상에는 관찰할 장면들이 무수히 많지만, 이를 각각의 대상
에 적절히 적용하는 건 전적으로 고독을 통해 이루어지는 작업
이다.

SOLITUDE

자유의 진정한 가치는 오로지 자유로운 정신에만 깃
드는 법이다. 노예들은 사로잡힌 상태로 하릴없이 자족
하며 살아간다. 오직 인생이라는 드넓은 바다에 오래도
록 내던져져 혹독한 경험을 거치면서 이 세계와 세상사
에 관해 나름의 생각을 정립하고, 모든 대상을 명확하고
공정한 시선으로 살피며 선善이라는 엄격한 가시밭길을
꼿꼿이 걸으며 정직한 마음에 비친 행복을 좇는 자들만
이 자유롭다.

선의 길은 먼 데로 돌아가야 할 때도 있고 어둡고 따분
한 게 사실이다. 비록 그 길은 여행자에게 힘든 산을 넘게

하지만, 결국엔 영원한 행복과 확실한 안식이라는 유쾌하고 드넓은 평원으로 그를 인도한다.

인생의 아침에 해당하는 시기에 고독을 함양하고 가까이한다면 정신을 드높여 고결한 자립 상태에 이를 수 있다. 그러나 고독이 내어주는 이점을 확보하려면 우울과 불안에 마음을 압도당하는 일이 없어야 한다. 대신 세상의 온갖 허무한 쾌락을 진심으로 멀리하고 삶에서 맞닥뜨리게 되는 정직하지 못한 기쁨을 합리적으로 경멸하며 행여 교묘하고 파괴적인 흥겨움에 오염되고 유혹되진 않을까 염려해야 마땅하다.

고독의
기대 효과

수많은 이들이 고독한 가운데 온갖 세상사에 맞설 만한 위대한 정신, 그 이상의 경지에 도달하고 이를 연마해왔다. 그리고 가장 격렬한 폭풍우의 기세에도 굴하지 않는 위풍당당한 삼나무처럼 이들 역시 크나큰 용기를 내어 극심하기 이를 데 없는 운명의 폭풍에 저항해 왔다.

사실 고독은 때로 우리의 마음을 다소 거만하고 우쭐하게 만들기도 한다. 하지만 이러한 현상은 사람들과의 분별력 있는 교제를 통해 쉽게 사그라진다. 염세厭世와 어리석음에 대한 경멸, 교만한 마음도 고결한 사람이라면 성년이 됨에 따라 자존감으로 탈바꿈하게 마련이다. 또, 나약하고 미숙한 어린 시절 경외의 대상이었던 주변 견해에 대한 두려움은 그릇된 관념에 대한 심한 경멸과 완강함으로 이어진다. 한때 지독히 두렵기만 했던 온갖 견해들도 더 이상 쓰리게 다가오지 않는다. 이제 마음은 대상을 있는 그대로 보기보다 마땅히 그렇게 되어야 할 방향으로 바라보게 된다. 악을 경멸하게 되면서 선에 대한 고결한 열의가 피어날 것이며, 이성적으로 경험한 바와 감정적 연민의 충돌을 통해 결코 잊지 못할 교훈을 체득하기에 이른다.

젊은이라면 최대한 빨리 습득해야 할 마음의 과학은 너무도 빈번히 간과되는 경향이 있다. 무릇 마음의 과학은 마음의 거친 면모를 없애 주고 다듬어지지 않은 측면을 손봐 준다. 이러한 마음의 과학은 사람들의 성격을 조절하는 고결한 철학을 토대로 정립되며, 엄격한 원칙보다는 사랑에 의해 작용한다. 우리는 이 마음의 과학을 통해 냉혹한 이성의 지시를 마음에서 우러난 온화한 감정으로 바로잡게 된다. 또, 눈앞에 닥친 위험을 알아차리고 잠든 마음의 능력을 일깨워 온갖 선을 행할 수도 있다.

디온Dion(고대 그리스 철학자 플라톤의 처남_옮긴이)은 모든 부도덕한 행위와 굴종을 배웠으며 유약하고 연약한 삶에 길든 데다 무엇보다 과시와 사치, 온갖 사악한 쾌락에 물들어 있었다. 그러나 신성한 플라톤Plato의 가르침에 귀 기울이고부터 선의 실행을 고취하는 숭고한 철학을 가까이하게 된 그는 진심으로 철학의 매력에 흠뻑 매료되기에 이른다. 플라톤이 디온에게 불어넣은 것과 같은 선에 대한 이끌림은 조용히, 그리고 거의 알아차리지 못하는 사이 상냥한 모든 어머니를 통해 아이에게 주입된다. 그렇게 철학이란 지혜롭고 분별 있는 여인의 입술에서 나와 가슴이 느끼는 감정이라는 형태를 통해 조용히, 그러나 강력한 영향력을 발휘하며 마음으로 흘러들어가는 것이다.

사랑의 손길이 인도한다면 제아무리 거칠고 험한 길인들 걷기를 마다할 자 있겠는가? 여인의 혀에서 나온 부드러운 가르침보다 효과적인 교육이 있을까? 그로 인해 이해는 깊이를 더하고 정서적으로 고취되어 그녀의 지도로 영감을 받았다는 사실에 애정이 샘솟게 되는 그런 가르침 말이다. 아! 모든 것을 내어준 어머니들이여. 그 유익한 견해에 가만히 귀 기울이길 즐겨 마지않는, 손에 책을 들고서 기꺼이 바위들 사이를 헤집고 다니며 학업에 몰두하기 좋은 한적한 곳을 물색하는, 사냥에 나섰다가도 때때로 위풍당당하게 뻗은 어느 나무가 내어준 그늘에 앉아 쉴 줄 아는, 그저 오락 삼아 사냥에 나서 인근의 숲을 한참 쏘다니기보다 플루타르크Plutarch(그리스 철학자.《영웅전》을 지음_옮긴이)의 저서에 등장하는 위대하고 영광스러운 인물들을 되새길 줄 아는 자녀와 더불어 축복받길.

숲의 침묵과 고독이 사랑하는 자녀의 마음을 사로잡아 고취시키는 순간, 그가 세속의 즐거움을 충분히 보아왔다고 여기기 시작한 순간, 귀족이나 관리, 성직자나 왕보다 더 위대하고 귀한 인물들이 존재함을 깨치기 시작한 순간, 어머니의 소망은 이루어진 셈이다. 그는 알아차리게 될 것이다. 도박과 사교보다 고상한 즐거움을 좇는 까닭에 늘 여유로운 자들이 있음을. 그들은 여가를 즐기는 매 순간에도 더없이 기꺼운 마음으로 고독의 그늘을 구하고 있음을. 유아기 때부터 그들의 정신은 문학과 철학에 대한 애착으로 고무되어 왔으며, 일평생 과학을 사랑하는 마음으로 가슴이 벅차오른다. 더불어 그들은 엄청난 불행과 맞닥뜨린 상황에서도 자신만의 비법을 동원해 깊은 우울감과 극심한 실의에서 벗어날 줄 안다.

성가신 사회적 교류에 지쳐 마지않은 정신이 고독을 통해 기대할 수 있는 이점은 그야말로 가늠할 수 없을 정도라 하겠다. 지성을 흐리게 하던 베일이 순식간에 걷히고 이성의 밝은 빛을 가리던 구름은 물러간다. 영혼을 짓누르던 고통스러운 짐 역시 한결 가벼워진다. 더불어 행여 위험이 닥치지 않을까 하는 불안도 자취를 감추며 불행하다는 느낌도 누그러질 것이다. 섭리의 체계에 대해 불만스럽게 내뱉던 웅얼거림은 사라지고 어느새 우리는 조용하고 평화로운 행복이 선사하는 유쾌한 즐거움을 누린다. 인내와 깨달음이 뒤이어 찾아 들고 마음은 만족감으로 채워진다. 유쾌한 마음이 나래를 펼치고 우리를 좀

고독에 관하여

먹는 근심은 멀리멀리 날아가 버린다. 뿐만 아니라 매 순간 더없이 유쾌하고 흥미로운 광경들이 우리 앞에 모습을 드러낸다. 우뚝 솟은 산자락들 뒤로 내려앉는 눈부신 해가 눈 덮인 봉우리들 위로 금빛 햇살을 던지면서 합창을 해대며, 이끼 낀 닭장으로 발걸음을 재촉하는 닭들은 포근하고 조용하며 안전한 곳에서 휴식을 취하려 한다. 이따금씩 요염한 수탉들의 새된 울음소리가 들려오기도 한다. 하루 일을 마친 소 떼는 근엄하고 위풍당당하게 행군하고 점잖은 말들은 기품 있는 걸음걸이를 선보인다. 하지만 지각과 진실이 끊임없이 멸시당하며 진실성과 양심이 불편하고 답답한 것으로 간주되어 버려지고 마는 대도시의 그릇된 오락거리들 가운데서, 가장 적절한 형태의 공상은 찾아보기 힘들게 되었고, 마음에 자리한 순수한 미덕은 타락하고 말았다.

무엇보다 명백한 고독의 이점은 그로 말미암아 정신이 생각하도록 길들어 간다는 사실이다. 따라서 상상력이 활발해지며 기억의 신뢰도 또한 높아진다. 우리가 고독 속에 있을 때 감정의 동요가 없어짐은 물론 그 어떤 외적 대상도 영혼을 흔들어 놓지 못한다. 사회의 성가신 소란으로부터 멀리 떨어져 온갖 종류의 대상들이 눈앞에서 춤추는 가운데 논리만으로 설명되지 않는 개념들로 정신이 메워질 때, 우리는 한 가지 주제에 주의를 집중시켜 오직 그것만 생각하는 법을 터득하게 된다.

내가 늘 즐겨 읽어 마지않는 책들을 쓴 작가는 이렇게 말한다. "주의력을 발휘하면 지혜롭고 위대한 자들과 저속하고 하찮은 무리를 제대로 구별할 수 있다. 후자에 속하는 이들은 자신들이 무엇을 생각하는지 제대로 알지 못하면서도 피상적으로 생각하는 것에 익숙하다. 그러나 지리멸렬한 생각에 빠진 그들이 정작 추구하는 종착지는 없으며 그렇다고 해서 구체적으로 어떤 길을 좇는 것도 아니다. 모든 건 그들의 정신이라는 수면 위로 막연히 떠다니며 해체된다. 마치 물 위를 이리저리 흩어져 떠다니는 나뭇잎들처럼 말이다."

끈기 있고 주의 깊게 생각하는 습관은 온갖 대상들로부터 늘 유발되는 산만함을 피해야만 체득할 수 있는 것이다. 그러므로 우리는 외부의 것들을 관찰하는 대신 매일같이 벌어지는 일들의 과정과 방향이 자꾸 변하지 않도록 해야 한다.

　나태함과 부주의는 은둔으로부터 확보한 모든 이점을 순식간에 무너뜨린다. 이는 정신이 제대로 자리 잡지 못하면 가장 위험한 열정이 고개를 들고 일어나 온갖 기이한 생각과 변칙적 욕구를 넣기 때문이다. 더불어 우리는 감각적 대상에 대한 사소한 생각 따위를 넘어서도록 사고를 고양시킬 필요가 있다. 그러고 나면 한결 가벼워진 정신은 우선 그간 읽은 내용은 물론 시각과 청각을 즐겁게 한 모든 걸 떠올린다. 그리고 관찰과 경험, 혹은 담화에서 비롯된 모든 생각에 반영한다. 뿐만 아니라 그러한 과정을 통해 새로운 정보를 얻어 완전한 기쁨을 영혼까지 전달한다. 한편 지능은 그간 인생에서 벌어진 모든 장면을 살핀다. 그러고는 아직 벌어지지 않은 일들을 예측하여 검토한 뒤 현재의 순간을 즐기며 과거와 미래에 해당하는 모든 생각들을 조합한다. 하지만 정신력을 적절한 상태로 유지하기 위해서는 고결하고 흥미로운 학업에 늘 관심을 기울여야 하겠다.

고독은
배움의 장

인간의 품성을 적절히 발달시킬 유일한 교육 기관은 고독이라고 단언한다면 웃어넘길 수도 있겠다. 그러나 본 연구의 소재가 사회 곳곳에 쌓여 있음에도 우리는 오직 고독 안에서만 이를 적절히 활용할 수 있음을 상기해야 한다. 세상에는 관찰할 장면들이 무수히 많지만, 이를 각각의 대상에 적절히 적용하는 건 전적으로 고독을 통해 이루어지는 작업이다.

인간의 본성에 관한 지식이 행복의 필수 요소라는 점은 익히 알려진 바다. 따라서 인간의 단점과 기벽, 결함을 찾으려 애쓰는 자들을 어찌하여 악의적이며 염세적이라 하는지 나로선 가늠하기 어려울 따름이다. 관찰을 통해서만 얻을 수 있는 지식을 인간이 추구한다는 건 칭찬할 만한 일이며 지금껏 그래 왔던 것처럼 악평을 받을 행위가 아니다. 의사로서 내가 육신의 틀에 따르게 마련인 갖가지 병이나 장애의 감춰진 원인을 탐구하고 그 성질을 연구할 경우 과연 인간이라는 종족에 대해 악의나 혐오를 느낄 것인가? 그 연구 주제를 자세히 살피는 과정에서 인류의 보편적 이익은 물론 자기만족을 위해 인체의 구조적 약점과 결함을 일일이 지적할 경우라면 또 어떨까?

그러나 인체 구조를 두고 허용된 관찰과 철학적으로 추정하는 관찰은 다를 수 있다. 의사는 인체에 발생하는 병을 연구하여 필요한 경우에 그 치료법을 활용한다. 하지만 도덕주의자들은 시각을 달리한다. 물론 이런 차이에 대한 근거는 없다. 분별 있는 철학자라면 동족의 도덕적 결함과 신체적 결함을 전부 검토하며 두 경우 모두에 대해 동일한 유감을 표시할 것이다.

분명 정신은 인간 본성의 결함을 발견하는 순간 상당한 기쁨을 느낀다. 또 그러한 발견이 누구에게도 해를 끼치지 않는 동시에 인류에게 이로움이 입증될 경우 이를 대중에게 명백히 설명함으로써 세상에 공개하고자 한다. 이러한 종류의 기쁨은 여태 유해한 것으로 치부된 듯하지만, 나는 죽음을 맞이하는 순간까지도 이러한 입장을 고수할 참이다. 그것이야말로 악마의 음모를 찾아 밝혀 그 소행이 영향력을 발휘하지 못하도록 말살시키는 단 하나의 실질적 방식이니 말이다. 고독은 우리에게 효율적으로 생각하게 함은 물론 적절한 대상에 관심을 두도록 한다. 또한 관찰력을 강화시키고 본연의 명민함을 한층 더 증가시킨다. 따라서 고독이야말로 인간으로서 진정한 지식을 가장 잘 습득할 수 있는 배움의 장이라 하겠다.

보넷Bonnet은 유명한 그의 작품《영혼의 본질Nature of the Soul》서문에 기술된 인상적인 구절을 통해 시력에 문제가 생긴 상황에서도 고독이 자신에게 이롭게 작용했음을 다음과 같이 언급한다.

"고독은 필연적으로 우리의 정신을 명상으로 이끈다. 이제껏 내가 살아온 방식은 오래도록 나와 함께한 데다 여태 내가 벗어나지 못한 슬픔과 함께하며 불운한 상황을 불가피하게 만드는 안락함을 구하도록 한다. 하나 이제 나는 끊임없이 내 정신으로 도피하며 그 안에서 마치 잠재된 매력이라도 된 양 기쁨을 이끌어 낸다. 그러면 내 모든 고통마저 떨어져 나간다." 이 무렵 보넷은 거의 시력을 잃은 상태였다.

그 유형은 조금 다르지만 청년 교육에 일생을 헌신한 또 다른 위인으로 콜마르Colmar 출신의 페펠Pfeffel을 들 수 있다. 그는 완전히 실명한 고통스러운 상황에서도 기품 있게 영향력을 발휘하며 자활해 나갔다. 비록 죽은 듯 고요할 정도로 혼자였지만, 페펠은 종종 여가를 즐기면서도 철학적 연구에 몰입하고 시를 재창작하며 인류애를 실천했다.

일찍이 일본에는 맹인들을 위한 전문학교가 있었고 해당 학교 출신이라면 십중팔구 좀 더 진보적인 학교 출신들에 비해 빠른 분별력을 선보였다. 앞을 보지 못하는 이 학술 위원들은 역사와 시, 음악 연구에 전념했다. 결국 당시 지역 연보에서 가장 두드러진 부분은 이들의 뮤즈를 다룬 내용이 되었고, 이들이 조합한 시구를 능가하는 건 그들의 음악곡이 유일했다. 따라서 홀로 지내며 나태와 방탕으로 시간을 허비하는 수많은 이들을 응시할 때면 우리는 삶의 지극한 즐거움을 누린 일본 맹인들의 발자취를 떠올리게 된다. 정신적 눈이 열리면서 신체 일부를 잃은 그들에게 충분한 보상이 제공된 셈이다. 주변을 온통 에워싼 어둠을 뚫고 빛과 삶, 기쁨이 그들의 정신으로 흘러들었으며, 고요한 생각과 악의 없는 직업에서 비롯된 지극한 즐거움을 통해 그들은 축복을 누렸다.

고독은 우리가 생각하도록 이끌고, 생각은 인간 행동의 주된 원천이 된다. 그도 그럴 것이 인간의 행동은 그야말로 사고가 체현되어 실질적으로 드러난 형태이기 때문이다. 그러므로 추구하고자 하는 생각에 대해 허심탄회하면서도 공명정대한 검토를 거쳐야만 인간의 특성을 꿰뚫어 보고 그 신비를 풀어낼 수 있다. 자기 성찰에 익숙하지 않은 이라면 그러한 검토 과정을 통해 세속적 기만의 안개에 가려 보이지 않던 행복의 지극한 중요성을 알아차리게 될 것이다.

자유와 여가는 동적인 정신이 고독한 가운데 필요로 하는 것들이다. 그러한 성격의 정신을 소유한 자가 홀로임을 깨닫는 순간, 영혼의 모든 에너지가 움직여 드높이 고양된다. 사회적 제약 때문에 가로막히고 억압된 정신이 충동적 성향을 띨 때와는 비교할 수 없을 정도로 높이 말이다. 타인의 사고를 개선시키려 애쓰며 자신의 독창성에 집중하지 않는 고루한 작가들조차 고독을 통해 그러한 이점을 이끌어 내어 자신의 변변치 않은 작업에 만족하고자 한다. 그러니 정신이 월등한 이들이라면 고독을 통해 생각이 고쳐지고 선과 공익에 관한 일을 실행할 수 있게 될 때 그 얼마나 강렬한 기쁨을 느끼겠는가! 그러한 일은 어리석은 자들의 열정을 자극하고 사악한 자들의 죄책감을 물리친다. 생기 넘치는 풍성한 상상력은 고독의 차분함에 둘러싸여 누그러진다. 여러 줄기로 갈라졌던 상상력이 특정한 한 지점으로 집중된다.

진리는 고독한 가운데 더없이 찬란하게 그 매력을 드러내는 법이다. 에든버러의 저명한 블레어 박사Dr. Blair는 이렇게 말한다. "위대하고 훌륭하며 경건하고 고결한 인물이라면 '진지한 은둔'에 빠져 지내곤 했다. 마음이 좁고 경박한 이들은 삶의 저속한 대상에 완전히 정신이 팔린 것이 특징이다. 이 저속한 대상들은 그들의 욕구를 채우고 조잡한 마음이 음미할 만한 모든 오락거리를 제공한다. 그러나 좀 더 교양 있고 정신적 그릇이 큰 사람들이라면 세속적인 것은 제쳐두고 한 차원 높은 즐거움을 추구하며 한 걸음 물러나 이를 구한다. 공공심이 투철한 사람은 이를 활용해 공익을 위한 계획을 개혁한다. 특별한 재능이 있는 자는 자기 분야를 파고든다. 철학자라면 깨달은 바를 추구할 것이며 성자라면 은총 안에서 자신을 다듬어 나갈 터이다."

로마의 왕 누마Numa Pompilius Marcius는 사랑하는 아내 타티아Tatia가 죽고 난 후 일개 개인으로 돌아가 은둔했다. 아리키아Aricia의 깊은 숲으로 들어간 그는 빽빽한 수풀과 외딴곳에서 사색에 잠기곤 했다. 전해지는 말에 따르면 누마의 고독한 성향은 상심이나 불만 혹은 사람에 대한 증오에 기인한 것이 아니라, 자신을 보호하는 신과 남몰래 소통하고자 하는 보다 고차원적 연유 때문이었다고 한다. 그의 덕성에 감복한 여신 에게리아Egeria는 신성한 사랑으로 그와 결속했다는 풍문이 있다. 그녀는 그의 정신을 깨우치고 뛰어난 지혜를 부여하여 신성하고 지극한 행복으로 그를 이끌었다. 숲의 바위들 사이나 아주 외딴곳에 거주한 드루이드족Druids(고대 영국의 민족. 사제 역할을 담당함_옮긴이) 또한 각국의 초기 귀족들에게 가르침을 전수했으며, 그 가르침의 범위는 지식과 웅변, 자연 현상과 천문학, 종교적 수칙과 영원의 신비에까지 이르렀다. 따라서 드루이드족에게는 엄청난 지혜가 부여되었으며 누마의 일화처럼 그것은 공상적 효과에 기인했다. 이렇게 그들은 모든 시대와 국가에서 어떠한 열정을 품고 존경스러운 인물들을 숭배해 온 건지 알아갔다. 고요한 숲속에서, 그리고 평온한 고독 안에서 사람들의 정신을 향상시키고 종을 개혁하는 데 재능과 시간을 할애한 인물들을 말이다.

천재는 종종 고독한 가운데 최고의 결실을 낳으며, 이때 자기 안에 내재된 힘을 오롯이 활용한다. 능력 있는 자의 지원이나 대중의 찬사, 금전적 보상에 대한 기대 따위는 그 동력이 되지 않는다. 플랑드르(벨기에와 네덜란드, 프랑스에 걸친 중세 국가_옮긴이)에서는 국가와 국민들 사이의 불협화음이 벌어지는 어려운 상황에서도 유명 화가들이 배출되었다. 저명한 코레조Correggio는 일평생 제대로 사례를 받은 적이 드물었다. 그리하여 10피스톨pistole이라는 보잘것없는 대금을 받게 되자 몸소 파르마까지 가서 수령해야 했음에도, 지나치게 기뻐한 나머지 그만 죽음에 이르고 말았다. 당시 이들 저명한 예술가들이 받은 유일한 보상은 자화자찬하며 의식적으로 자신의 가치를 확인하는 것뿐이었다. 이들은 영원한 명성을 희망하며 그림을 그렸고, 그들의 작품은 후대에서 제대로 평가받았다.

고독과
시간의 활용

고독과 침묵 안에서 깊은 명상에 잠기다 보면 정신이 본래의 상태보다 더 고양되어 상상력이 촉진되고 숭고한 구상의 산물이 도출된다. 그리하여 영혼은 가장 순수하고도 정제된 기쁨을 맛봄과 동시에 지적 즐거움을 누림으로써 존재 자체에 대한 생각을 거의 하지 않게 된다. 정신은 매 순간 공간과 영원을 쏜살같이 넘나든다. 또한 열정을 통해 자신의 힘을 마음껏 즐기는 가운데 한껏 고양된 영혼은 가장 고결한 주제에 관해 사색하고 무엇보다 영웅적인 행동을 택하며 더욱 강해진다.

현대에 들어 가장 뛰어난 업적 중 하나의 토대 역시 비어몬트Byrmont 인근 높은 산자락의 외진 곳에서 이루어진 고독한 은둔을 통해 다져졌다. 프로이센의 왕은 스파Spa(벨기에의 휴양지_옮긴이)를 방문하던 중 일행한테서 떨어져 아름다운 산속 외딴 숲으로 들어가 고요한 고독에 잠긴다. 그는 예상치 못한 풍요로운 자연을 누렸고 그곳은 오늘날까지도 '더 로열 마운틴The Royal Mountain'이라는 명칭으로 불린다. 이후 소실의 자리가 되어버린 인적 없던 이곳에서 젊은 군주는 처음으로 실레지아를 정복할 계획을 세운 것으로 알려진다.

고독은 인간에게 가장 행복한 느낌을 선사하며 무엇보다 중요한 시간의 가치를 깨닫게 한다. 그것은 나태한 자라면 알지도 못하고 짐작조차 할 수 없는 가치다. 영생 따위엔 관심 없이 당장 일자리를 찾는 데 여념이 없는 이는 스톱워치가 얼마나 빨리 움직이는지 결코 눈치채지 못한다. 그는 덧없는 생의 참모습과 시간의 흐름을 나타내는 놀라운 전형을 보지 못하며 그에 따른 두려움과 불안 역시 느낄 수 없다. 그런가 하면 사교를 통해 정신과 마음이 적절한 상태를 유지하고 지식의 범위를 넓히거나 우리를 좀먹는 근심이 사라진다면 사교가 시간 낭비라 일컬을 수 없게 된다. 그러나 우리의 주의를 사로잡을 만큼 긍정적인 효과가 수반될지라도 사교를 통해 평온한 우정이 격렬한 애정으로 탈바꿈하고 기나긴 시간이 더없이 짧게 변모하며 우리가 애착을 품은 대상에 관한 생각 이외의 모든 생각이 사라져 버린다면, 개선되는 건 아무것도 없이 세월은 그렇게 하릴없이 흘러가 버릴 것이다. 시간을 적절하게 쓴다면 따분해질 리 없다. 반면 맡은 바 직무를 최대한 수월하게 눈치껏 이행하고자 한다면 세월은 더없이 가볍고 유쾌하지만 덧없이 흐를 따름이다.

어느 왕자는 여러 하인이 시중들긴 했지만, 옷을 차려입을 땐 좀처럼 5~6분을 넘기지 않았다. 그가 마차로 이동할 땐 마차에 올라타고 '간다'라는 표현은 정확하지 못할 것이다. 왜냐하면 그를 태운 마차는 '날아가듯' 달렸으니 말이다. 또한 그의 상차림은 훌륭했고 남들에게 후하게 대접하는 편이었지만, 스스로는 간단하고 소박한 만찬을 즐겼다. 분명 그는 매사에 신속하게 임하는 경향이 있는 듯했다. 뛰어난 재능과 품위를 갖춘 이 젊은 왕족은 모든 필요 사항을 직접 처리하며 만족스럽고 기쁘게 면담에 임했다. 그는 집안일에도 세심한 주의를 기울였으며 하루도 빠짐없이 매일 일곱 시간씩 영국과 이탈리아, 프랑스, 독일의 저명한 작가들이 쓴 책을 읽었다. 따라서 이 왕자야말로 시간의 가치를 잘 이해했다고 하겠다.

세속적인 자가 부질없이 흘려보내는 시간에 유익한 기쁨이라곤 없다. 또한 어떠한 기쁨도 시간을 신중하게

고독에 관하여

활용하는 데서 오는 기쁨보다 유익하지는 못하다. 무릇 인간이란 수행해야 할 많은 임무를 짊어진다. 따라서 이를 훌륭히 이행하고자 한다면 방심하지 않고 서둘러 기회를 거머쥐어야 할 것이다. 놓쳐버린 순간들이 인생이라는 책에서 쓸모없어진 페이지처럼 허무하게 찢겨 나가지 않도록 말이다. 시간을 유용하게 활용하면 제멋대로 흘러가는 시간을 붙잡고 더 긴 인생을 살 수 있다. 생각하고 일하는 것이 바로 삶이다. 나태와 방탕을 멀리하고 효율적 노동에 집중하는 시간에는 우리의 생각이 그 어느 때보다 더 빠르고 풍부하게, 혹은 더 흥겹게 샘솟는다. 시간을 경제적으로 활용하려면 뜻한 바와 달리 그저 흘러가 버린 시간이 얼마나 되는지 종종 되돌아보아야 한다. 어느 저명한 영국 작가는 이렇게 말한다.

"수면에 소비된 시간, 그러니까 본능적 요구에 부응하기 위해 불가피하게 책정된 시간이나 습관적으로 어쩔 수 없이 어딘가에 몰두하며 보내는 시간, 인생을 피상적으로 꾸미기 위해 쏟은 시간이나 타인에 대한 예의상 응대를 위해 포기한 시간, 병에 시달리느라 빼앗긴 시간, 혹은 무기력함에 사로잡힌 나머지 부지불식간에 조금씩 흘러가 버린 시간을 전부 덜어내 보자. 그러면 스스로 진정 달인이라 칭할 수 있는 기간이나 오롯이 자신의 선택 하에 소비할 수 있는 시간이 지극히 짧다는 사실을 알아차리게 될 것이다. 우리는 사소한 근심에 사로잡혀 같은 일을 지속해서 반복하며 수많은 시간을 허비한다. 자연히 휴식이나 행복을 위해 할애해야 할 많은 시간이 당면한 하루를 살아내는 데 소비되고 만다. 그러다 보니 우리는 남은 시간을 즐기는 데만 상당한 노력을 기울일 뿐, 다른 목표를 추구할 여유 따윈 없게 된다."

시간이 부족하다고 말하는 것만큼 시간을 허비하는 길은 없으며 그렇게 말하는 순간 모든 행동에도 언짢음이 배어난다. 인생을 해학적으로 살아갈 때 분명 삶의 무게는 가장 가벼워진다. 전원에서 은둔하며 경제적으로 시간을 소비할 줄 알게 되면 허비한 시간과 미처 돌보지 못했던 일에 대한 한탄으로 정신을 괴롭힐 일은 없다.

정신을 적절히 활용하지 않는다면 고독은 세상의 그 모든 방탕함보다 더 위험할 수 있다. 왕좌에 앉은 군주부터 오두막에 기거하는 소작농에 이르기까지 모든 인간은 일상적으로 수행할 일이 있어야 하며 책임감을 바탕으로 지체하지 않고 그 일을 이행해야 마땅하다. 호라티우스는 말한다. '카르페 디엠Carpe diem'이라고. 그의 이러한 충고는 우리 삶의 매시간에까지 적절히 적용될 것이다.

관능적으로 묘사된 바쿠스Bacchus(로마 신화에 등장하는 술의 신_옮긴이)의 숭배자들과 아나크레온Anacreon(그리스의 서정시인_옮긴이)의 아들들은 우리에게 자신을 좀먹는 근심을 떨쳐내고 끊임없이 유쾌한 기분을 느끼며 순식간에 흘러가 버리는 찰나의 시간을 즐기도록 권한다. 이러한 교훈을 제대로 이해하고 적절히 적용한다면 강력한 감성과 견고한 이성의 토대로 삼을 수 있다. 하지만 이들 감각론자가 일러주는 방식 그대로 그 시간을 해석하거나 적용해서는 안 될 것이다. 그러니까 음주와 주색잡기 따위에 시간을 써버리는 일이 없어야 한다. 대신 각자의 맡은 바 직무에 따라 행해야 할 일을 성취할 수 있도록 꾸준히 매진하는 데 시간을 할애해야 마땅하다. 페트라르카Petrarch(이탈리아의 시인_옮긴이)는 이렇게 말한다.

"지극한 행복을 주관하는 신을 섬기고자 한다면, 종교 다음으로 진정한 기쁨을 선사하는 학문을 익혀 정신을 고양하고자 한다면, 정서와 집필을 통해 후대에 기억될 만한 무언가를 굳이 남기고자 한다면, 그렇다면 그토록 재빨리 시간을 흘러가게 하지 말고 대신 알 수 없는 이 생의 과정을 늘리도록 해야 한다. 이렇게 간청하나니, 부디 세속의 즐거움에서 멀어지길. 그리고 얼마 남지 않은 인생을… '고독한' 가운데 살아갈지니."

취향을 가꾸는
시간

고독은 우리의 정신으로 하여금 주시한 대상들의 미를 포착하고 선별하도록 더 나은 기회를 부여함으로써 취향을 다듬는다. 물론 지극한 기쁨을 주는 일을 선택하여 수행할지의 여부는 전적으로 우리 각자에게 달렸다. 고무적인 글을 읽고 정신을 맑게 한 그 내용을 떠올려 다채로운 이미지와 함께 마음속에 간직하는 경우처럼 말이다.

세상을 살아가면서 너무도 쉽게 습득하게 되는 그릇된 사고방식 중 하나가 바로 자신의 것을 돌아보지 않고

고독에 관하여

타인의 정서에 의존하며 너무도 쉽게 고독을 피해 버리는 것이다. '달리 생각해 볼 도리가 없군.' 누군가 맹목적으로 줄곧 이렇게 말해 댄다면, 그것이야말로 참을 수 없는 노릇이다. 대체 왜 그런단 말인가! 누구든 타인의 임의적 지시에 따르기보다는 자신의 의견을 구축하고자 하지 않던가? 어떤 일이 나를 기쁘게 한다면 사교계에서 그일을 인정할지의 여부보다는 그 일이 내게 얼마나 중요한지부터 따져 보아야 하지 않겠는가? 나라면 과연 여러분으로부터 어떤 말을 듣게 될 것인가? 냉정한 혹평 정도가 될까? 독자들의 인정을 받으면 내 작업의 결과물이 고결하고 위대하며 훌륭한 것만 같아 더 큰 즐거움이나 기쁨을 느낄 수 있을 것인가? 늘 황급히 짚고 넘어가는 탓에 흔히 잘못된 결정을 내리고 마는 인간의 판단을 어찌 믿고 따를 수 있을까?

정신적 깨달음에 이른 자들은 아름다움과 결점을 정확히 구분해 내며 뛰어난 작품을 마주하고서 가슴으로부터 더없는 기쁨을 느낀다. 또한 아둔함과 타락을 통해 극심한 고통을 느끼지만, 열정적으로 감탄할 줄 알며 분별력과 신중함을 바탕으로 비판할 줄 안다. 이들은 저속한 무리와는 떨어져 홀로 지내거나 가려서 사귄 벗들과 더불어 지낸다. 뿐만 아니라 고대의 유명 현자들은 물론 세월을 거듭할수록 돋보이는 작가들과의 고요한 교류에서 오는 기쁨을 누릴 줄 안다.

고독은 정보의 영역을 넓히고 보다 적극적인 호기심을 일깨우며 고단함을 경감시킨다. 더불어 실천을 촉진하므로 우리의 정신을 훨씬 더 활동적으로 만들 뿐 아니라, 그로부터 도출되는 생각을 증식시킨다. 이 모든 고독의 이점을 잘 이해한 자는 이렇게 말한 바 있다. "고요한 가운데 홀로 지난날을 돌아보며 우리는 정신력을 연마하고 강화하게 된다. 우리의 길을 추구하기 힘들게 하는 수많은 장애물도 흩어져 사라짐에 따라 우리는 보다 큰 생동감과 만족감을 안고 바쁘게 돌아가는 사회로 복귀할 수 있는 것이다. 심사숙고를 통해 이해력의 반경 역시 확대된다. 우리는 보다 많은 대상을 살피고 좀 더 지적으로 그것들을 함께 주시하는 법을 익혀왔다. 이젠 한층 더 밝아진 시야와 더욱 공정한 분별력, 보다 확고한 원칙을 지니고 우리가 생활하고 활동하는 세상으로 나아간다. 이제 우리는 온갖 방해 요소들이 산재함에도 은둔의 시간 동안 준비해 온 만큼 주의력을 유지하고 정확한 사고를 하며 분별력 있게 결정할 수 있다."

아! 상업적인 세상에서 합리적 정신의 산물인 호기심은 곧 퇴락하고 만다. 고독 속에서는 매시간 성장했던 그것이 말이다.

고독한 가운데 이뤄진 연구는 필연적으로 천천히 진행되며 정신은 한 문제를 다른 문제와 연결 짓는다. 또 경험과 관찰을 접목하는 것은 물론 하나의 사실 발견은 또다른 사실의 탐색으로 이어진다. 행성들이 움직이는 경로를 최초로 목격한 천문학자들은 자신들의 발견이 향후 인류의 관심사와 행복에 얼마나 중요한 영향을 미칠지 잠시 떠올렸다. 하늘을 수놓은 화려함에 매료된 그들은 밤마다 경로를 바꾸는 별들을 관찰하며 호기심에 사로잡혀 이러한 현상의 원인에 관해 탐구하기 시작했다. 그렇게 그들은 과학이라는 학문의 길을 밟아 온 것이다. 그러므로 정신은 조용히 활동하는 가운데 그 힘을 키워간다.

사색에 잠긴 정신은 다양한 원인과 즉각적 결과는 물론 이미 확립된 사실에 대해 앞으로 벌어질 결과까지 조사함으로써 그만큼 지식을 향상하게 된다. 사고思考는 상상의 나래를 펼치는 데 저해 요소로 작용하여 상상하는 속도를 늦추기도 하지만, 성취하려는 대상에 대해 더욱 확신이 들도록 한다. 공상에 매료된 정신은 새로운 세계를 구축하기도 하지만, 그러한 세계는 속이 빈 비누 거품처럼 금방 터져버리고 만다. 반면 사고는 계획한 직물의 원단을 면밀히 검토하여 내구성 있고 튼튼한 것들만 골라 쓴다.

'많이 배우려면 한 번에 조금씩 익혀 나가야 한다'라고 언급한 영국의 저명한 작가 존 로크John Locke는 다음과 같이 말했다.

"우리가 찬사를 보내거나 놀라 마지않는 인간 기술의 모든 산물은 거스름 없는 인내의 단면이다. 돌덩이가 피라미드를 이루고 운하를 통해 멀리 떨어진 나라들이 결속을 다질 수 있었다. 만일 한 번의 곡괭이질이나 삽질이 내는 효과를 전반적 설계 및 최종 결과물과 비교하려 든다면 그 부조화는 상당한 당혹감을 불러일으킬 것이다. 하지만 그러한 사소한 작업이 때맞춰 꾸준히 진행된다면 극심한 어려움마저 이겨내는 법이다. 인간의 미미한 힘으로 산이 평평해지고 바다에 경계가 생긴다. 따라서 인생의 시련에서 벗어나기 위해, 그리고 시간이 흐름에 따라 잊히고 마는 그런 이름들보다 뛰어난 명성을 얻기 위해 무엇보다 중요한 점을 꼽자면 다음과 같다. 즉, 목표를 끈질기게 고수하는 힘을 사고력과 정신에 부여하고, 이길 수 없는 대상을 약화시키는 기술과 더불어 완강히 저항하는 대상을 끈덕진 공격으로 완파하는 기술을 습득하는 것이다."

혼자의 시간을 즐긴 선지자들

삭막한 사막에 생기를 불어넣고 개인 수도실을 사교계처럼 전환시키며 재능 있는 자에게 영원한 명성을 부여함은 물론 예술가의 독창성이 깃든 걸작을 탄생시키는 것 역시 전부 정신적 활동의 역할이다. 정신은 당면한 어려움과 극복해야 할 장애에 써야 할 힘을 행사하며 기쁨을 느낀다. 아펠레스Apelles(알렉산더 대왕 시기의 그리스 화가_옮긴이)는 작품 수가 너무 적은데도 끊임없이 그림을 수정하는 습관 때문에 비난받았지만, 그는 이렇게 말하며 자족하는 모습을 보였다. "나는 후대를 위해 그린다."

은둔을 진지하게 준비하고 자신이 지닌 힘을 깊이 검토한 결과 인류 공익을 위해 위대하고도 훌륭한 일을 할 수 있으며 또 하고자 하는 이들의 경우, 수도원의 고독이 자아내는 한산함, 그러니까 삭막할 정도로 평온한 수도원 생활은 어울리지 않는다. 왕자가 수도자의 삶을 살 수는 없으며 정치인이 수도원과 수녀원의 삶을 추구할 리 없다. 또 장군은 교단의 부름을 받지 않는다. 그러므로 페트라르카Petrarch는 다음과 같이 아주 적절히 이를 표현하고 있다.

"고독은 나태해서도, 부질없이 써버린 여가여서도 안 된다. 게으르고 나태하며 활기마저 없는 데다 세상사에 무심한 인물이라면 우울하고 비참한 기분에 빠지게 마련이다. 그런 이에게 좋은 일이 일어날 거라 기대하긴 어렵다. 그가 유용한 학문을 파고들거나 위대한 인물의 소양을 갖출 리 없기 때문이다."

부유하고 호화로운 삶을 사는 이들은 금전적으로 구

입 가능한 기쁨에 대한 독점권을 주장할 수도 있다. 하지만 이때 정신은 즐거울 수 없으며 망각으로 인한 일시적 안도감만이 찾아들 따름이다. 반면 앞서 언급한 지식인들이 누린 기쁨은 누구나 쉽게 접근 가능하며 그 위인들만이 누릴 수 있는 특권도 아니다. 왜냐하면 그러한 종류의 기쁨은 각자의 근면함과 진지한 숙고, 심오한 생각, 깊이 있는 연구를 통해서 얻을 수 있기 때문이다. 이 같은 노력을 통해 우리의 정신은 숨겨진 자질들에 눈 뜨고 진리에 관한 지식은 물론 신체적, 도덕적 본질에 대한 사색에 다가간다.

스위스 출신의 어느 목사는 독일의 한 연단에서 이렇게 말한 바 있다. "모든 이들이 취하고자 하는 정신적 기쁨의 시냇물은 한쪽에서 다른 쪽으로 흐른다. 이 기쁨의 시냇물은 아무리 빈번히 맛보더라도 그 맛과 덕목이 사라지지 않으며 오히려 자주 취할수록 새로운 매력이 더해지고 더 큰 기쁨이 흘러든다. 이러한 기쁨의 대상은 진리의 범위만큼이나 무한하며 이 세상과 같이 광범위한데다 신성의 완벽함처럼 무제한적이다. 따라서 무형의 기쁨은 다른 모든 것들보다 훨씬 더 오래 지속되므로 햇

빛과 함께 사라지거나 외적 형태가 변하거나 육신과 함께 무덤 속에 묻히지 않는다. 대신 그 기쁨은 일평생 우리와 함께하며 온갖 우여곡절이 있더라도 우리 곁을 떠날 줄 모른다. 이는 비단 자연적 수명만이 아닌 내세까지도 의미하는 것이다. 이 무형적 기쁨은 어두운 밤 우리를 지켜줄 뿐 아니라 감내해야 할 모든 고통에 대한 보상이다."

그러므로 위대하고 고양된 정신의 소유자들은 떠들썩한 흥겨움 속에서 혹은 크나큰 포부로 인해 직책이 불안한 가운데서도 지적 기쁨에 대한 취향을 유지한다. 이들은 결과가 가장 중요시되는 일을 진행하면서 너무도 다양한 대상들로 인해 주의가 산만해지는 와중에도 충실히 사색에 잠기며 뛰어난 결과를 산출하기 위해 기꺼이 온 마음을 쏟는다. 동시에 이들은 특출한 이에겐 독서와 지식이 필요하지 않을 거라는 그릇된 편견에 주의를 기울이지 않으며 종종 체면을 버리고 한 치의 부끄럼 없이 손수 집필에 임한다.

마케도니아의 필리포스 왕은 소小 디오니시오스Dionysius

the Younger를 코린트Corinth(고대 그리스의 상업과 예술의 중심지_옮긴이)로 초대해 함께 식사하던 중 그의 부친을 조롱하려 했다. 그도 그럴 것이 그가 왕족이자 시인으로서 시와 비극을 쓰며 여가를 보냈기 때문이다. 필리포스가 이렇게 질문을 던졌다. "왕께서는 어찌하여 그토록 하찮은 글을 쓰며 여가를 보내신단 말인가?" 그러자 디오니시오스는 다음과 같이 대답했다. "폐하와 제가 술에 취해 방탕하게 흘려보내는 그 시간에 아버진 글을 씁니다."

알렉산더Alexander 대왕은 독서에 대한 열의가 대단했다. 세상에는 그의 승전보가 울려 퍼지고 피와 학살로 그의 업적이 쌓여갔다. 그는 사로잡은 왕들을 마차 바퀴에 매달아 끌고 다니며 연기가 피어오르는 마을과 황량한 지방을 열정적으로 행진했다. 동시에 그는 정복할 새로운 대상을 물색하는 일 역시 놓치지 않았다. 그처럼 분주한 와중에 잠시 휴식을 취하던 알렉산더는 시간을 하릴없이 흘려보낸다고 느꼈고, 아시아 작가들의 책이 더 이상 즐겁지 않음을 한탄스러워했다. 그리하여 그는 하르팔루스Harpalus(마케도니아 귀족의 자제로 알렉산더 대왕의 어릴 적 벗_옮긴이)에게 서신을 보내 필리스토스Philistus의 작품들과 에우리피데스Euripides, 소포클레스Sophocles, 아이스킬로스Aeschylus의 비극, 탈레스테스Thalestes의 찬가를 부칠 것을 부탁했다.

브루투스Brutus(고대 로마의 정치인으로 시저 암살의 주모자_옮긴이)는 로마의 자유가 침해당하자 그에 대한 복수를 한 인물이자, 폼페이우스Pompey의 부하로 군대에 복무하기도 했다. 그는 맡은 바 업무를 다한 후 시간이 남을 때면 으레 책에 파묻혔는데, 제국의 운명이 달린 저 유명한 파르살리아 전투를 앞둔 날 밤 역시 예외는 아니었다. 한여름 습지대에서 주둔하고 있던 군의 전시 태세 준비와 한낮의 열기에 지친 브루투스는 목욕을 마친 후 텐트로 돌아갔다. 그곳에서 동료들이 낮잠을 자거나 다음 날 벌어질 일을 두고서 생각에 잠긴 사이 그는 아침이 밝아올 때까지 독서에 열중했고, 폴리비오스Polybius(그리스 역사가_옮긴이)의 역사에 관한 글을 참고해 전략을 세웠다.

정신적 기쁨을 누구보다 강하게 의식한 키케로Cicero(고대 로마의 정치가, 철학자이자 웅변가_옮긴이)는 시인 아르키아스Archias에 관한 연설을 통해 이렇게 말한다. "이 같은 기쁨을 안다고 해서 수치스러워해야 하는가? 오래도록 이러한 기쁨을 누렸지만, 그렇다고 해서 다른 이들의 결핍을 덜어주지 못하거나 악을 공격하고 선을 방어할 용기를 잃은 적은 없다. 그 누가 나를 비난하거나 나무랄 수 있다는 말인가? 다른 이들이 보기에 흥미로운 것들을 좇고 축제와 헛된 의식을 응시하며 새로운 즐거움을 찾아다니는 사이, 그리고 한밤중에 흥청대며 여흥과 폭음에 빠져 육체적 휴식은 물론 정신적 회복도 취하지 않는 사이에 나는 내 지난 삶을 기분 좋게 검토하고 되돌아보며 학문과 사색으로 시간을 보내지 않던가?"

키케로와 같은 생각을 품고 일평생 매 순간을 학문에 매진한 인물로 대大 플리니우스Gaius Plinius Secundus(Pliny the Elder)(로마의 정치가이자 박물학자_옮긴이)를 들 수 있다. 식사 시간에는 그에게 책을 읽어주는 사람이 따로 있었다. 그는 책과 휴대용 책상 없이는 여행길에 오르지 않았으며 책을 읽을 때마다 내용을 발췌했다. 또한 잠이 들어 자신의 신체가 기능하지 않을 때는 스스로 살아 있다고 생각하지 않았다. 그는 성실하게 노력하는 자세로 학문에 임하며 인생을 두 배로 살고자 한 것이다.

그런가 하면 소小 플리니우스Gaius Plinius Caecilius Secundus

(Pliny the Younger)(로마의 정치가이자 저술가. 대 플리니우스의 조카_옮긴이)도 시도 때도 없이 책을 읽었다. 말을 탈 때도 걷는 중에도 혹은 앉아 있을 때도, 그러니까 잠깐이나마 여가가 허락될 때면 그는 독서를 택했다. 그러나 그에겐 불멸의 규칙이 있었는데, 그저 재미로 하는 일보다는 맡은 바 책무를 우선으로 이행한다는 거였다. 바로 이러한 성향 때문에 고독과 은둔에 대한 그의 열망 또한 강해졌다. 그는 성가시다는 듯 이렇게 말하기도 했다. "나를 억누르는 속박을 깨고 나와서는 안 된단 말인가? 정녕 거기서 벗어날 수 없는가? 아! 기쁨을 느낄 수 있다는 희망이 없구나. 매일같이 새로이 고통만 더해갈 뿐. 하나의 일을 살피고 나면 또 다른 일이 잇따르나니. 일의 사슬은 매시간 그 무게와 범위를 더하는구나."

페트라르카는 정신적으로 늘 우울하고 실의에 빠져 있었다. 영감을 불러일으키는 개울가 둑에서, 낭만을 자아내는 바위와 산에 에워싸여, 혹은 꽃으로 뒤덮인 알프스 계곡에서 독서와 집필에 집중하거나 시상을 떠올리며 기분 좋은 환상에 빠질 때는 예외였지만 말이다. 여행 중에도 시간을 허비하고 싶지 않았던 그는 쉬어 가려고 여관에 들를 때마다 꾸준히 글을 썼다. 그의 벗이었던 카바이용의 주교는 페트라르카가 보클뤼즈에서 학문에 너무나 열중한 나머지 이미 좋지 못한 그의 건강을 완전히 해칠까 우려했다. 결국 어느 날 주교는 그에게 서재 열쇠를 달라고 청하기에 이르렀다. 페트라르카는 이유를 묻지도 않고 곧바로 열쇠를 내주었다. 주교는 그의 책들과 책상을 단단히 감춘 후 이렇게 통보했다. "페트라르카, 이제 열흘간 펜과 잉크, 종이의 사용을 금하겠네." 이 선고는 그에게 가혹한 것이었지만, 그로선 감정을 억누른 채 운명에 따르는 수밖에 없었다. 자신이 가장 즐기는 취미로부터 멀어진 첫날은 그저 따분할 따름이었다. 둘째 날엔 두통이 끊이지 않았고, 셋째 날이 되자 열이 오르는 증상이 발현되었다. 그의 증세를 지켜보던 주교는 순순히 서재 열쇠를 되돌려주었고, 페트라르카는 건강을 회복했다.

채텀Chatham(잉글랜드 동남부 켄트주 북부에 자리한 도시_옮긴이)의 후기 백작은 기마부대에서 코넷cornet 연주를 담당했다. 연대는 잉글랜드의 어느 작은 마을에서 묵었다. 백작은 맡은 바 임무를 최우선 과제로 여겼다. 하지만 일단 임무를 이행하고 나면 남은 하루 동안은 홀로 조용히 지내며 역사를 공부하는 데 전념했다. 유전적 통풍에 시달린 그는 규칙적이고 금욕적으로 생활하며 질환을 극복하려 했는데, 고독한 가운데 은둔의 시간을 가진 것 역시 그의 이런 허약한 건강 상태 때문으로 짐작된다. 어찌 되었건 그러한 은둔의 시간은 이후 그가 쟁취한 영광의 초석이 되었음이 틀림없다.

앞서 기술한 기질의 인물들은 이제 더 이상 찾아볼 수 없을지 모른다. 그러나 개인적 견해로는 이러한 생각과 주장 자체에 오류가 있는 듯하다. 채텀의 백작이 고대 로마인에 비해 그 위대함이 덜하던가? 또 이미 성인기에 접어든 그의 아들이 데모스테네스Demosthenes가 그러했듯 의회로 나가 웅장히 연설함으로써 페리클레스Pericles처럼 청중들의 마음을 사로잡을 수도 있지 않은가? 이제 25세가 된 그는 대영 제국의 수상으로서 타국에선 경외의 대상이며 자국민의 사랑을 한 몸에 받고 있다. 이런 그가 그 어떤 상황에서든 걸출한 부친에 비해 훌륭하지 못한 생각이나 행동을 하겠는가? 과연 그 누가 그러했던가?

인간이란 늘 위대한 법이다. 오늘날 유럽에는 왕과 지휘관을 막론하고 그 어느 때보다 위대한 인물들이 배출되고 있다. 지혜와 덕목은 제대로 함양할 경우 사적인 삶에서뿐 아니라 공적인 환경에서도 실재하며, 외딴 오두막에서만큼이나 북적이는 궁에서 역시 완벽한 면모를 갖출 수 있다.

글을 쓰려면
혼자여야만 한다

고독을 통해 우리는 인생의 온갖 우여곡절과 고통을 정신적으로 뛰어넘을 수 있게 된다. 비록 마음이 풍요롭거나 원대하지 못한 자라 할지라도 책을 가까이한다면 행복해질 것이며 익숙한 나무 그늘 아래에서 모든 고통을 잊을 것이다. 그리하여 다채롭고 무한하며 영속적이고 순수하며 퇴색하지 않고 생생하며 홀로 느끼는 행복과 마찬가지로 공무를 수행하면서도 실현 가능한 기쁨을 경험하게 된다. 무릇 최고의 공무라면 우리의 능력을 공익을 위해 쓰는 일일 것이며, 이는 고독한 가운데 가장 이롭게 이행할 수 있다. 사람과 사물에 대한 사실적 개념을 습득하고 개인적 의견을 대담하게 세상에 공표하는 것이 야말로 우리 각자의 피할 수 없는 의무일 것이다. 작가들은 언론을 채널 삼아 국민에게 진실의 빛을 퍼뜨리고 그 빛을 대중에게 내보인다. 훌륭한 작가는 스스로 생각하도록 정신을 북돋운다. 또 자유로운 정서적 소통은 사고의 결함을 개선한다. 자유에 대한 사랑은 사람들을 고독으로 이끌고 그 안에서 그들은 세상이 자신을 속박했던 사슬을 벗어 던진다. 이처럼 자유로워지고자 하는 기질에 힘입어 홀로 생각에 잠긴 이는 부패한 사회적 교류를 통해서는 드러내 놓고 하지 못한 말을 과감히 내뱉게 된다. 용기는 고독의 동반자다. 평온한 은둔의 그늘에서 위안을 구함에 있어 두려워하지 않는 자는 위인의 오만과 불손을 단호한 시선으로 마주하고 폭정의 얼굴을 가린 가면을 떼버린다.

지식으로 정신이 풍요로워진 자는 불운을 견뎌내며 인생의 다양한 우여곡절을 동요하지 않고 마주한다. 드미트리우스Demetrius가 메가라Megara를 함락시켰을 당시 군인들은 주민들의 재산을 모조리 약탈했다. 드미트리우스는 저명한 철학자 스티르폰Stilpo 역시 그곳의 주민이라는 사실을 떠올렸다. 그는 은둔과 평온한 학구적 삶만을 추구한 인물이었다. 사람을 보내 스티르폰을 불러들인 드미트리우스는 행여 그가 약탈로 인해 잃은 것이 있는지 물었다. 그러자 그 철학자는 이렇게 대답했다. "아닙니다. 제 재산은 안전합니다. 전부 제 마음 안에만 있으니까요."

고독은 세상의 관습이 감추도록 종용하는 정서와 감정을 드러내도록 우리를 북돋운다. 그러면 정신은 그 안에서 편안하고 자유롭게 마음의 짐을 내려놓게 된다. 사실 우리가 혼자라고 해서 늘 펜이 움직이는 건 아니다. 하지만 적어도 글을 쓰고자 한다면 우리는 혼자여야만 한다. 또 철학을 함양하거나 효과적으로 영감을 얻으려면 난처한 상황에서 벗어나 정신이 자유로워야 하는 법이다. 가령 아이들이 쉴 새 없이 울어댄다거나, 하인들이 들락거리며 온갖 행사 전단과 공로 인정 카드를 전해 나른다면 주의가 산만해질 수밖에 없다. 모름지기 작가란 야외에서 산책을 즐기든, 벽장 안에 앉아 있든, 넓게 뻗은 나무 그늘 아래 기대앉아 있든, 혹은 소파에 길게 누워 있든 간에 마음에 이는 충동을 따르고 자신의 재능에서 비롯된 취향과 느낌에 마음껏 취할 수 있어야 한다. 성공적으로 집필에 임하려면 우선 불가항력의 열의를 느껴야 하며 그 어떤 장애나 통제가 없는 환경에서 자신의 감상과 감정에 취할 수 있어야 하는 것이다. 정신이 신성한 영감으로 가득하게 되면 모든 어려움이 사그라지고 반대 요소를 전부 내리누를 수 있게 된다. 작가는 이 비밀스러운 외침을 가슴으로 느낄 때까지 작업을 중단해야 한다. 그리고 마음으로부터 아이디어가 힘차게 샘솟아 오르고 뜨겁게 차오른 가슴이 해당 주제를 감지하는 적기를 포착해야 할 것이다.

"……자연의 타는 듯한 입김이

선택받은 천재를 타오르게 하리라.

자연의 손길은 그의 신경을 꿰고 그의 날개를 매만지네.

가파른 비탈을 참아내지 못한 채

정상을 향해 높이 날아올라

그곳에서 천상의 공기를 호흡하네.

늙은 시인과 현자,

칭송받을 불멸의 아들들이여……"

페트라르카는 아비뇽Avignon(남프랑스에 자리한 도시. 한 때 교황청 소재지였음_옮긴이)을 떠날 당시 이처럼 신성한 충동을 느꼈다. 아비뇽은 당시 가장 악명 높고 부패한 도시로 근래 교황청이 옮겨간 곳이기도 하다. 젊고 기품이 있는 데다 여전히 열정을 품고 있어 그 신성함으로 인해 귀족들이 우러러보고 추기경이 찬사를 보내 마지않았지만, 그는 자진해서 화려하고 떠들썩한 그곳을 떠났다. 이후 그는 아비뇽에서 30킬로미터 정도 멀리 떨어진 보클뤼즈를 찾아 그곳에서 은둔했다. 시중들 하인 하나만 대동한 그에게 남은 재산이라곤 허름한 오두막 한 채와 거기에 딸린 정원이 전부였다. 전원으로 도피한 후 자연의 아름다움에 매료된 페트라르카는 훌륭한 서재를 꾸몄다. 그리고 지혜에서 오는 평온함과 이성의 휴식 안에서 여러 해 동안 머물며 작품을 완성하고 다듬으며 시간을 보냈다. 이 시기에 그는 어느 때보다 독창성이 돋보이는 작품들을 써냈다. 이렇듯 그는 시간과 공을 들여 작품을 썼지만, 그가 자신의 작품을 공개한 건 한참 후의 일이다. 베르길리우스Vergilius(로마의 시인_옮긴이)는 나폴리에서 보낸 시간이 수치스럽고 난해하다고 했지만, 그의 작품들 중 가장 완성도 높은 것으로 꼽히는《게오르기카Georgics》가 바로 이 시기에 탄생했다. 그는 시의 거의 모든 행에서 불멸을 언급하고 있다.

후대에까지 작품이 회자되는 건 실로 원대한 포부로, 뛰어나고 위대한 작가라면 모두 열망하는 바다. 열등한 정신의 소유자라면 보잘것없는 보상에도 자족하며 이따금씩 마땅히 받아야 할 보상을 취할 따름이다. 그러나 위대하고 훌륭한 작가는 사회적 방해 요소들로부터 멀리 물러나 숲과 나무 그늘을 찾아 들어감으로써 각자의 정신 안에 은둔한다. 따라서 그들의 행동과 작품은 죄다 고독의 결과물이다. 후세까지 길이 남거나 동시대 현자들로부터 인정받을 만한 작품을 탄생시키려면 고독에 대한 사랑으로 영혼이 가득 차야만 한다. 무릇 정신은 가장 행복했던 느낌과 직접적 관찰을 통해 얻은 모든 생각과 느낌을 검토하고 정리하는 법이다. 뿌리 깊은 편견과 얼빠진 견해에 맞선 풍자의 화살은 고독 안에서만 제대로 다듬어진다. 또 고독 안에서야 비로소 인간의 어리석음과 악이 도덕주의자 앞에 정확히 모습을 드러내므로 그의 열정적 노력으로 이를 바로잡아 교화시킬 수 있다. 불멸에 대한 희망이야말로 위대한 작가가 그의 정신을 돋보이게 할 수 있는 최고의 수단일 것이다. 하지만 그러기 위해서 그는 우선 베이컨의 그것과 같은 포괄적인 재능을 지녀야 한다. 또한 볼테르Voltaire(프랑스의 문학자이자 철학자_옮긴이)처럼 예리하게 사고할 것이며 루소Rousseau(스위스 태생의 프랑스 사상가이자 문학가_옮긴이)와 같이 편안하고 우아하게 집필에 임해야 할 것이다. 그리하여 그는 후대에도 가치를 인정받는 걸작을 써넘음으로써 마침내 불멸에 이를 수 있다.

명성에 대한 열망

오두막에서든 왕좌에서든, 혹은 야영장에서든 명성을 두고 피어오른 애착은 죽음을 뛰어넘어 살아남기 위한 조치를 취하도록 정신을 북돋운다. 그리고 마침내 그러한 행동을 취할 수 있다면 삶의 밤은 낮처럼 눈부시게 빛날 것이다.

플루타르크는 이렇게 말한다. "위대하고 고양된 정신에 대한 찬사는 그들의 경쟁심을 자극하고 불러일으킬 따름이다. 이미 거머쥔 영광을 맛본 이들은 마치 급류가 밀어닥치듯 위대하고 고결한 것이면 무엇이건 간에 그것을 향해 질주한다. 그들은 결코 충분히 보상받았다고 여기지 않는 것이다. 현재 그들이 취하는 행동은 자신에 대한 기대를 두고 맹세하는 행위일 따름이다. 그리고 그들은 자신들이 누린 영광에 걸맞게 충실히 살지 못했음을 수치스러워하지 않는다. 오히려 가장 고결한 행위를 취함으로써 그 영광을 보다 빛나도록 해야 한다고 여긴다."

그들은 비굴한 과찬과 무미건조한 찬사에는 귀를 닫을 것이나 키케로가 말하는 열정만큼은 기꺼이 귀 기울여 들을 것이다.

"어찌하여 감출 수 없는 것을 숨겨야 하는가? 명성에 대한 갈망을 자랑스럽게 솔직히 자백해서는 안 된단 말인가? 모든 인간은 칭찬받길 좋아하며, 위대한 정신의 소유자들이야말로 칭찬에 가장 예민하게 반응한다. 평소 명성을 가장 경멸하는 철학자들일지라도 그들의 작품 맨 앞에 본인의 이름을 내거는 법이니 말이다. 또한 스스로 과시가 아니라고 부인하는 바로 그 행위 자체가 자만과 칭찬에 대한 선호를 드러내는 명백한 증거다. 덕목은 스스로 맞닥뜨리는 온갖 노고와 위험에 대해 명성과 영광 이외의 다른 보상을 요구하지 않는다. 이 달콤한 보상이 없다면 짧은 인생에서 대체 무엇이 남아 노력을 촉구할 것인가? 만일 정신이 미래의 가망을 향해 나아가지 못하거나 영혼의 작용 범위가 신체라는 국한된 공간으로 제한된다면, 거듭되는 피로 때문에 약해질 일도, 끊임없는 관찰과 열망으로 인해 지칠 일도 없을 것이다. 또 삶 자체를 고군분투하며 헤치고 나아갈 만큼 가치 있다고 여기지도 않을 것이다. 그러나 선인善人의 경우 원칙에 따라 끊임없이 고무되어 현재를 뛰어넘을 명성을 추구하게 된다. 그러니까 이승의 삶에만 국한되지 않고 후대까지도 이어질 그러한 명성을 말이다. 우리는 나라를 위해 매일같이 자신을 위험에 노출시키며 잠시도 불안과 걱정 없이 지내지 못한다. 이런 우리가 과연 차후 모든 의식마저 무덤 속에 같이 묻혀버릴 거라고 생각할 수 있을까? 만약 위인들이 본인의 정신이 아닌 신체적 모습, 그러니까 그들의 흉상과 조각상 따위를 소중히 보존하고자 한 거라면, 우리는 우리의 지혜와 덕목 같은 것을 후대에 남겨야 하지 않을까? 적어도 나는 내가 취하는 모든 행동을 통해 아주 먼 후대는 물론 동시대의 세상에도 명성을 퍼뜨리고자 한다. 어찌 되었건 이 문제에 관한 내 생각은 무덤 안에서 그치거나 아니면 일부 사람들의 견해처럼 영혼의 자산으로 남을 것이기에 그다지 중요하진 않다. 한 가지 분명한 건 지금 이 순간 조각상을 바라보고 있자니 왠지 모르게 으쓱해지는 희망과 기분 좋은 느낌이 찾아든다는 것이다."

명성에 대한 이러한 열망이야말로 지도자들이 학생들의 가슴에 심어주어야 할 참된 열정이다. 이처럼 크나큰 열정의 불길을 기꺼이 마음에 일으켜 끊임없는 실천을 통해 그 불길을 키우는 자라면 젊은 날의 해로운 즐거움 추구 따위는 저절로 단념할 것이다. 또한 살아가는 동안 도덕적 품위를 갖출 것이며, 고결한 행동을 취함으로써 학문에 새로운 빛을 더하고 더욱 눈부신 영광을 얻을 것이다. 고결한 행동을 통해 명성을 널리 퍼뜨리고 기품 있는 행동과 진정한 영혼의 위대함으로 사람들에게 호평

받고자 하는 바람이 있다면 훌륭한 태생이나 높은 계급, 혹은 막대한 재산을 통해서는 기대할 수 없는 이점을 누릴 것이다. 이는 설령 왕좌에 앉았다 할지라도 지극히 선한 삶과 후대에까지 알려지고자 하는 강한 열망을 통해서만 얻을 수 있는 것이다.

정말이지 먼 훗날 풍자가보다 더 명성을 얻을 수 있는 인물은 없다. 그들은 어리석음과 편견, 당대에 만연한 악덕을 강력하면서도 통렬한 언어로 지적하고 규탄한다. 그들이 당시에 만연한 사람들의 태도를 개혁하진 못하겠지만, 이러한 일은 다음 세대까지 이어져 먼 후대에 가서 영향력을 발휘하고 그 명성이 이어질 것이다. 시기와 악의가 대단할 것 없는 제 가치를 무덤에 갈 때까지 추구할지라도 진정한 위대함은 그보다 훨씬 더 오래 작용하는 법이니까. 아, 라바터Lavater(스위스의 시인이자 신학자_옮긴이)여! 그 토대가 부패한 영혼은 오직 찰나의 빛을 발하고 영영 꺼져버려 잊히게 마련이다. 그러나 그대 이름에 대한 기억은 소중히 간직되고 그대의 덕목은 영영 사랑받을 것이다. 그대의 기벽은 더 이상 기억되지 않을 것이며, 그대의 성품을 구분 짓고 돋보이게 한 자질들만이 되새겨질 것이다. 실로 다채로운 그대의 언어, 새로운 표현을 대담하게 의도하고 창조케 한 그대의 분별력, 통렬하고 간결한 그대의 문체, 인간 태도에 대한 그대의 빼어난 묘사는 《독일 시인 및 산문가의 특징The Characters of German Poets and Prose writers》의 작가가 예견한 바와 같이 그대가 쓴 《관상학에 관한 단상Fragments upon Physiognomy》의 명성을 먼 후대까지 미치게 할 것이다. 그리하여 그토록 숭고한 진리를 발전시키고 거의 새롭다고 할 만한 언어를 창조할 수 있었던 라바터가 게스너Conrad Gesner(스위스의 박물학자이자 의사_옮긴이)의 기술을 신뢰해 마지않았다는 비난은 잊힐 것이다. 그리고 그는 키케로가 그토록 열정적으로 바라 마지않았던 것처럼 사후의 삶을 즐길 터이다.

고독은 누구도 앗아갈 수 없으며 세상의 모든 영광을 뛰어넘는 그런 기쁨을 작가에게 줄 수 있다. 그는 자신의 작품이 가져올 효과를 예측할 뿐 아니라 작품이 완성되어감에 따라 고요한 시간은 물론 업무를 진행하며 느끼게 되는 평정심을 유쾌한 마음으로 즐기게 된다. 이렇게 잇달아 작품을 쓰는 과정에서 흘러드는 지속적이고 평온한 기쁨이란! 이처럼 품격 있는 작업을 통해 슬픔은 날아가 버린다. 아! 나는 그처럼 평온하고 만족스러운 시간이라면 단 한 시간도 대중적 명성에 대한 온갖 달콤한 환상과 바꾸지 않을 것이다. 툴리Tully(Marcus Tullius Cicero)(키케로_옮긴이)의 정신조차 그러한 대중적 명성에 끊임없이 도취된 바 있지만 말이다. 어려움을 극복하고 행복한 순간이 유지되며 문제가 밝혀지는 것, 그리고 깔끔하고 우아하게 문장을 작성하고 유쾌하게 생각을 표현하는 건 모두 유익하고 효과 좋은 위안이자 우울함에 대한 해독제다. 또한 이 모든 건 전적으로 지혜롭게 잘 형성된 고독의 범주에 속한다.

타인의 도움 없이 스스로 즐기고 슬픔과 유감으로 허비될 수 있는 시간 동안 작업에 전념하는 건 작가로서 누릴 수 있는 대단한 이점이다. 이러한 이점만으로도 나는 충분히 만족스럽다.

고독과 성취에
관하여

고독은 정신을 고양시킬 뿐 아니라 정신적 능력에 새로운 힘을 더한다. 편견을 이기고 세상이 돌아가는 방식을 무시할 용기가 없는 자, 특이함으로 인해 비난받는 것을 가장 두려워하는 자, 타인의 판단과 행위에 따라 자신의 견해를 형성하고 행동을 조절하는 자라면 분명 자발적 고독에 전념할 만큼 충분한 정신력을 지니지 못할 것이다. 세상과의 교류를 통해 부와 재기, 적절성을 얻는 것처럼 자발적 고독은 우리의 사고를 탄탄하고 견고하며 강하게 하는 데 필요하다.

고결하고 흥미로운 주제에 관한 일을 이행하는 정신은 공허한 가슴을 얼룩지게 하는 나태함을 거부한다. 영혼은 자유와 평온을 즐기며 보다 감성적으로 에너지의 크기를 느끼고 이전까지 의식하지 못했던 힘을 드러낸다. 본연의 능력은 다듬어지고 정신은 더욱 맑고 선명하며 폭넓어진다. 지각은 더 분명해지며 전체적 지적 체계는 세속의 부산함과 함께할 때보다 고독한 여가 속에서 더 많은 것을 끄집어낸다. 그러나 이처럼 긍정적인 효과를 내기 위해서는 고독이 고요한 나태함과 피동적인 편안함, 혹은 정신적 무감각이나 감각적 인사불성의 상태로 그 수준이 저하되어서는 안 된다. 또 그저 공허하게 줄곧 창밖을 내다보거나 낡은 실내복과 닳아빠진 슬리퍼 차림으로 하염없이 서재를 오간다고 해서 그러한 효과를 볼 수 있는 것도 아니다. 단지 외적 모습을 평온한 것처럼 꾸민다고 해서 영혼의 활동을 고양시키거나 증대시킬 수 없기 때문이다.

무릇 영혼이란 기분 좋은 자유와 여가를 거머쥘 때까지 자유롭게 돌아다니고 싶어 하며, 동시에 이해력을 개선하고 상상력을 바로잡는 법이다. 은둔의 그늘 아래에서 힘을 얻은 정신은 운동선수와 같은 무한한 기량을 발휘해 편견을 타파하고 오류와 맞서 싸우게 된다. 또 정신이 사물의 본질을 들여다보게 될수록 그 모습이 더 자세히 보이고 내재된 모든 자질이 정확하고 뚜렷하게 드러난다. 내면으로 물러나 있을 때 대담해지고 생각에 잠긴 정신은 진리를 발견한 순간 황홀해하며 그것을 포착한다. 그러고는 그 매력을 얕잡는 자들을 동정과 멸시의 미소로 둘러본다. 또 그러한 정신은 그를 향한 질투와 악의가 담긴 비난을 당황해하지 않고 들어 넘길 뿐 아니라 무지한 무리가 제기하는 강력한 항의를 기품 있게 무시해 버리고는 은둔 속에서 발견한 가장 강력한 불굴의 진리로 그들에 맞선다.

고독한 명상을 통해 얻은 고양되고 품위 있는 정서로 한층 더 승격된 정신은 그 우월함을 자랑스러워하며 온갖 비열하고 야비한 대상에서 물러나는 동시에 위태로운 사회의 결과물인 영웅적 미덕을 피하고자 한다. 고결한 정신은 세속적 즐거움에 취한 이들이 폭동과 방탕함 속으로 섞여 들어가는 걸 주시하면서도 그 유혹에 빠져들지 않는다. 또한 그 정신은 사방에서 들려오는 그들의 허무한 울림을 듣는다. 그러니까 실수가 인간의 마음에 깃든 우선적 성향이며 상류층 인사와 활동가들의 배고픔이나 수면에 대한 욕구만큼이나 여성에 대한 욕구를 채워야 한다는 내용들 말이다. 결국 그러한 정신은 방탕과 탕진이 젊음을 갉아먹고 선의 매력과 정직함의 원칙 앞에서 냉담한 기분이 들게 한다는 사실을 감지한다. 뿐만 아니라 방탕과 탕진은 인간의 결의를 무너뜨리고 소극적인 마음이 들게 하며 노력을 저하시키는 데다 영혼의 관대한 온기와 훌륭한 열정에 찬물을 뿌려 결국엔 영혼의 힘을 완전히 없애버린다는 점을 깨우친다.

따라서 인생이라는 연극에서 훌륭한 배역을 유지하고자 진지하게 소망하는 젊은이라면 나태와 사치를 추구하는 습관과 영영 이별을 고해야 한다. 또 그가 방탕함으로 자신의 지적 능력이 손상되는 것을 방지하고, 과음과 사치스러운 삶 때문에 약해진 신체와 무기력함을 개선하고자 한다면, 아침 내내 헛되이 말을 달리며 건강을 찾겠다는 생각은 자연히 하지 않게 될 것이다. 건강은 금주와 운동을 통해 즉각적으로 얻을 수 있다.

사람이라면 누구나 예외 없이 무언가를 배우게 되어 있다. 사회적으로 보유한 지위가 얼마나 두드러지든 간에 개인적 가치를 세우지 않고서는 결코 위대해질 수 없다. 정신적으로 은둔의 평온함에 익숙해진 자들은 눈에 띄게 마련이다.

행여 방탕이 낳는 기쁨이 지배적 열정이 되었다면, 아,

젊은이들이여! 그 무엇보다 쉽게 그러한 열정을 잠재울
방법은 바로 위대하고 도덕적인 행동의 반복적 모방과
나태함과 경솔함에 대한 혐오, 학문의 연구, 그리고 자기
마음과의 소통이다. 그러면 한껏 고양된 기품 있는 정신
이 악하고 비열한 모든 것을 거부하게 된다. 악에 대한 이
처럼 폭넓고 강한 거부와 선에 대한 열렬한 애정은 은둔
하는 가운데 기품 있고 훌륭하게 그 모습을 드러낸다. 그
어느 때보다 수준 높은 업적에 대한 열정이 강력히 작용
하는 은둔 안에서 말이다. 그러한 열정은 알렉산더 대왕
을 아시아로 진출시켰고 디오게네스Diogenes(그리스의 철
학자_옮긴이)를 나무통 안에 머물게 했다. 헤라클리우스
Heraclius(비잔틴 제국의 황제_옮긴이)는 진리를 찾는 데 전념
하기 위해 왕좌에서 내려온 바 있다. 인류를 위해 본인의
지식을 유용하게 쓰고자 하는 자라면 우선 세상을 공부해
야 한다. 너무 치열하거나 지나치게 긴 기간 동안 배움을
지속하진 않아도 되지만, 혹여 세상의 어리석음에 매료되
는 일은 없어야 하겠다. 세상의 어리석음은 정신의 힘을
떨어뜨리고 파괴하기 때문이다. 시저는 클레오파트라의
품을 떠나 세상의 주인이 되었다. 반면 안토니우스는 그

　　　　　　　　　　　　　　고독에 관하여

녀를 정부로 맞아 그 품 안에서 놀아났고 우유부단함으로 인해 자신의 삶뿐 아니라 로마 제국의 통치권마저 잃고 만다.

사실 고독은 일반적인 삶의 수준에 비해 너무도 정제되고 승격된 관념을 정신에 불어넣는다. 고독을 즐기는 자들은 고차원적 신념과 활기 넘치는 열정적 성향에 대한 애착을 바탕으로 극한적 상황에서도 자신을 지지할 가능성을 발견하며, 이는 평범한 사람들의 지적 능력을 어지럽힐 만한 것이다. 또한 고독한 자 주변에 산재한 모든 대상은 그의 정신력을 확대시키고 마음속 감정을 개선시키며 다른 이들보다 더 높이 그를 승격시킴은 물론 불멸에 대한 관점을 영혼에 불어넣는다. 세상과 더불어 살아가는 자는 매일을 자신이 누리는 마지막 날이라고 여기는 듯하다. 고독은 모든 결핍을 충분히 보상한다. 반면 세속의 즐거움을 열심히 좇는 자라면 상류층 모임에 참석하지 못하거나 좋아하는 클럽에 나가지 못할 때 상실감을 느낄 것이다. 또 새로 나온 연극을 보러 가지 못하고 유명한 권투선수를 후원하지 못하게 되었을 때, 혹은 광고 전단에 등장한 이국적 실용품을 감상하지 못할 때 역시 마찬가지다.

플루타르크가 남긴 다음 구절은 늘 가슴을 뜨겁게 한다. "나는 전적으로 역사와 더불어 살아간다. 역사가 내게 제시하는 그림을 찬찬히 되새겨 보노라면 내 정신은 위대하고 선한 인물들과 더불어 풍성한 만찬을 즐긴다. 비록 인간의 행위로 인해 악과 부패, 부정의 사례들이 도출된다고 하더라도 나는 그 자취를 없애거나 그 결과가 파급되지 못하도록 시도할 따름이다. 그러한 광경과 맞닥뜨린 내 영혼은 곧장 물러나 수치스러운 열정에서 멀어진다. 대신 나는 너무도 유쾌하고 만족스러운 고차원적 선의 전형에 다가선다. 그러한 전형은 우리 본연의 진실한 감정에 완벽히 부합하는 것이다."

이처럼 숭고한 이미지에 힘입어 날개를 단 영혼은 지상에서 날아올라 점점 높이 날아오르다 주변의 흐린 구름들을 향해 경멸의 눈길을 던진다. 낮게 깔린 구름들이 영혼의 비상을 방해하는 까닭이다. 어느 정도 높이에 도달한 정신력은 그 폭이 더욱 넓어지고 마음의 힘 또한 커져 간다.

　사실상 인간은 누구나 주어진 정도 그 이상을 이행해 낼 수 있는 힘이 있다. 따라서 도덕적 범위를 벗어나지 않는 선에서 가능한 한 최선을 다한다면 그야말로 지혜롭고 훌륭한 일이 될 것이다. 노력을 기울인다면 잠자고 있는 아이디어를 얼마나 많이 불러일으킬 수 있을 것인가! 또 마냥 잊힌 것만 같았던 처음에 느꼈던 감명은 그얼마나 다채롭게 되살아나 우리의 펜을 통해 모습을 드러낼 것인가! 우리는 늘 생각하는 수준 이상을 성취할 수 있다. 상상력이 일으킨 불길을 열정이 부채질해 준다면 말이다. 진심에서 우러난 부드러운 애정이 생기를 더하지 못할 때 우리는 삶을 지탱하지 못할 것이다.

종종 맞닥뜨리게 되는
오인

　고독은 가장 뛰어난 구상이 배어 날 수 있는 원천으로 우리의 정신을 이끈다. 그러나 아! 모든 이들이 고독이 선사하는 이점을 거머쥘 수 있는 건 아니다. 일시적 은둔을 통해 도출되는 광범위한 정보와 고귀하고 숭고한 아이디어, 절묘할 정도로 섬세한 감정 등을 고결한 정신의 소유자라면 누구나 감지해 낼 수 있을 것인가? 어떤 이들은 종종 아주 젊은 나이임에도 세상과 절연한 후 고독의 달콤함을 맛보고 지혜로운 노년의 기틀을 마련한다.

인생의 온갖 하찮고 사소한 일을 수행함에 있어서는 확실히 천재성보다 상식이 더 유용한 자질이라 하겠다. 정신을 지극히 높은 영역으로 끌어 주는 천재성 혹은 그 순수한 열정은 세속의 평범한 직업으로 인해 그 비상이 가로막히거나 지연되어 고독한 은둔 안에서가 아니라면 본연의 자유와 힘을 좀처럼 되찾지 못한다. 사실 고독이 아니라면 철학과 과학의 영역에 닿고자 하는 정신을 세상사의 짐과 속박에서 구해 낼 다른 방도는 없다. 무지하고 뻔뻔한 대중으로부터 겪은 조롱과 오명에 실망하고 넌더리가 난 정신적 능력은 활동을 멈춰 버리고 정신적 노력 역시 점차 사라지고 만다. 지적 성취에 대한 훌륭한 보상이 되는 명성에 대한 욕구 역시 그 가치가 칭송으로 보상받지 못할 경우 오래 지속되지 못하기 때문이다.

그렇다 하더라도 무지와 질투, 증오, 적의에 탄압받아 정신이 우울해지는 일은 없도록 하자. 자유와 여유를 누린 정신은 펜과 잉크, 종이의 힘을 빌려 정당한 복수를 행하게 되고, 그 결과물은 세상의 감탄을 자아낼 것이다. 세속의 직업이라는 어둠 속에 갇혀버린 뛰어난 재능은 얼마나 많을 것인가. 세속적 직업은 대개 정서적 능력을 거의 혹은 아예 필요로 하지 않으며, 따라서 무지하고 교양 없는 상스러운 자들에게나 어울릴 법하다! 그러나 고독 안에서라면 이러한 상황이 벌어질 일이란 좀처럼 없다. 정신적 능력은 고독한 가운데 본연의 자유를 즐기며 아무런 제약 없이 본래 타고난 모든 기능과 성질을 훑고 다니며 이리저리 배회한다. 그러다 어느 순간 자신이 가진 힘에 가장 부합하며 그에 맞는 적절한 영역으로 자신을 이끌어 줄 추구할 만한 대상을 선택하는 것이다.

고독한 자가 종종 세상에서 맞닥뜨리게 되는 달갑지 않은 환영은 따지고 보면 누구나 부러워할 만한 행복의 원천이기도 하다. 고요한 가운데 위대하고도 중요한 업적을 달성하려는 자에겐 분명 널리 알려져 인기를 끄는 일이 상당히 불행할 수 있다. 모든 이들이 그를 방문하고 싶어 하며 또 그가 찾아와 주길 바란다면? 그러다 급기야 그가 온갖 모임에 일일이 참석하도록 압박하기에 이른다면 말이다. 다행히 일반적으로 철학자들은 상류 사회에서 인기 있는 손님이 아니다. 그럼에도 그들은 사람들의 증오와 혐오의 대상이 되는 자들이 평범하거나 일반적인 인물은 아니라는 사실에 흡족해한다. 사실 세상의 온갖 항의가 빗발치고 모두가 돌을 던지며 수천 가지 혐의를 둘 만한 그런 자에겐 늘 뭔가 뛰어난 점이 있다. 그것이 무엇인지 정확히 입증해 낼 순 없지만 말이다. 따지고 보면 세상에 알려지지 않은 채 은둔의 삶을 사는 천재적 인물의 운명이 훨씬 더 부러워할 만하다. 그는 누구의 방해도 받지 않고 조용히 은둔하는 기쁨을 오롯이 즐길 테니 말이다. 더불어 대중이 자신이라는 인물에 대해 무지할 것이라 미루어 짐작하고 있기에, 설령 그들이 자신의 말이나 행동을 지속해서 오해하고 왜곡하더라도 쉽사리 놀라거나 동요하지 않는다. 대중에게 그의 가치를 알리려는 벗의 노력이 행여 수포로 돌아간다고 할지라도 그건 마찬가지다.

고독에 관하여

고독과 철학은 세속의 어리석은 범인들이 터무니없다고 여기는 감상을 불러일으키지만, 가볍고 무의미한 생각들을 없애 인간의 정신이 원대하고도 숭고한 신념을 품도록 이끈다. 위대하고 고매한 인물들을 연구하고 정제되고 고상한 정서를 함양하는 자라면 충분히 비웃음거리의 소재가 될 만한 특이한 태도를 어쩔 수 없이 달고 다니게 마련이다. 낭만적 성향의 인물들은 늘 모든 것을 있는 그대로 받아들이거나 그 변화의 가능성을 곧이곧대로 보지 않고 다르게 해석하곤 한다. 또 한결같이 숭고함과 아름다움을 떠올리는 습관으로 인해 유약하고 짓궂은 자들의 눈엔 그들이 한없이 무미건조하고 견딜 수 없을 따름이다. 이러한 성향을 지닌 자들은 항상 고결하고 기품 있는 태도를 보이며, 이러한 그들의 특성은 천박한 자들의 기분을 크게 그르친다. 그렇다고 해서 그들의 가치가 덜해질 일은 없지만 말이다.

　　고대의 위대함과 덕목의 역사는 고독과 더불어 작용할 때 가장 긍정적 효과를 창출했다. 그런가 하면 위인과 선인들의 가슴을 덥힌 그 눈부신 불꽃은 종종 예기치 않은 불길을 지핀다. 일례로 신경증으로 건강에 이상이 생긴 한 여성에게 나는 그리스와 로마 제국의 역사를 유심히 읽어보라는 처방을 내렸다. 석 달의 주어진 기간이 지나자 그녀는 내게 다음과 같은 서신을 남겼다.

"덕분에 고대의 덕목을 존경하게 되었습니다. 그 시절의 고결한 인물들에 비하면 요즘의 우리는 너무도 시끌벅적하게 소란스러운 종족들이 아닐까요? 이전까지 역사는 제 관심 분야가 아니었지만, 이제 저는 역사의 페이지를 밟으며 살아갑니다. 그리스와 로마 이야기를 읽다 보면 어느새 그 장면 속 배우가 되고 싶습니다. 그 이야기들은 무한한 기쁨의 원천일 뿐 아니라 제 건강도 회복시켜 주었답니다. 제 서재에 그토록 귀중한 보물이 있을 줄은 몰랐지요. 곧 제 책들이 재산보다 훨씬 소중하다는 사실을 입증할 겁니다. 아마 반년간은 제 불평으로 인해 곤란하지 않으셔도 될 것입니다. 이젠 매력적인 드레스나 교태, 혹은 연인들이 정부를 향해 늘어놓는 감상적 토로보다도 플루타르크가 더 유쾌하게 다가오니까요. 그러한 감상적 토로는 마치 호사가들이 바이올린 선율로 누군가를 농락하듯 악마가 사랑을 두고 말로 농간을 부리는 거겠지요."

고독에 관하여

진정으로 깨달음을 얻은 그녀는 이제 더 이상 주방이나 양계장에 관한 내용을 편지에 적지 않는다. 건강을 회복한 만큼 짐작하건대 앞으로 그녀는 플루타르크 이야기를 통해 얻은 기쁨만큼이나 자신의 닭들을 돌보며 커다란 기쁨을 누릴 것이다.

그러나 그와 같은 글들의 즉각적 효과는 고독한 가운데서, 혹은 몇 안 되게 추린 벗들과 함께할 때가 아니라면 감지해 내기 어렵다. 시간이 아주 흐른 뒤에나 긍정적 결과가 도출될 수도 있는 일이다. 홀로 산책에 나선 천재의 머릿속은 실로 다양한 생각들로 혼잡하다. 정작 그러한 생각들이 공개되면 평범한 무리에겐 한없이 우스꽝스럽게 비칠 테지만 말이다. 그러나 언젠간 이들이 그 가치가 영원한 행동을 이행하도록 사람들을 이끌 시기가 도래한다.

고독과
업무 능력 사이에서

고독이 감상을 드높이긴 하지만, 일반적으로 고독은 우리의 정신을 통상적 업무에 부적합한 상태로 만드는 것으로 간주된다. 그러나 개인적으론 이러한 관점에 대단한 오류가 있는 듯하다. 공무를 수행하면서 갈팡질팡하지 않으려면 우선 공적인 삶에서 벌어질 수 있는 주제에 관해 고독 안에서 정신을 단련시킴으로써 내딛는 발걸음을 단단히 할 수 있다. 진리에 대한 사랑은 고독 안에서 가장 잘 지켜지며 거기서 비롯된 덕목 역시 훨씬 뛰어난 일관성을 보인다. 하지만 사실상 업무를 수행하는 데 진실이 늘 편리하게 작용하는 건 아니며 덕목의 엄격한 실천이 세속적 성공을 거두는 데 유리한 것만도 아니다. 그렇다 하더라도 위인과 선인들은 어김없이 고독을 통해 얻을 수 있는 소박한 태도와 한결같은 마음을 숭배했다.

영국과 프랑스가 격렬한 전쟁을 벌이던 때, 철학적 조예가 깊었던 장 앙드레 드 뤼크Jean Andre de Luc는 더없이 귀중한 이러한 자질을 갖춘 덕택에 베르사유 궁전의 환영을 받았다. 또한 덕망 높은 베르겐Vergennes 백작은 철학자답게 완곡한 방식으로나마 난제로 남아 있던 제네바의 반환을 요청하고자 했다. 프랑스의 수상으로서 내비친 이전까지의 항변은 효력을 발휘하지 못한 터였다. 베르겐 백작의 요청에 드 뤼크 역시 제네바 반환을 위해 노력을 기울였지만 끝내 성공을 거두지 못했다. 알려진 바와 같이 프랑스는 군대를 보내 제네바 시민들을 제압하고 말았다. 이 쾌활한 철학자는 자신이 자주 찾는 산에서 그 소박한 태도를 얻었으며 런던의 온갖 화려함과 유혹에도 굴하지 않고 지금까지 그러한 태도를 유지하고 있다. 그러니까 그는 모든 바람을 굳건히 참아내고 사치를 거부하며 사회생활에 관한 온갖 욕구를 억누른다. 하노버에 머무는 동안 눈에 들어왔던 그의 유일한 사치라면 마음이 복잡하지 않을 때 주머니에 조금씩 넣고 다니던 작은 설탕을 한 조각씩 씹어 먹는 거였다.

고독은 소박한 태도를 빚어낼 뿐 아니라 바쁘게 돌아가는 인생을 헤쳐 나갈 능력을 강화시킨다. 은둔하는 자의 정신은 세상과 그 관심사에 관해 더욱 활발히 작용한다. 그러다 다시금 고요함 속으로 물러나 휴식을 취하며 새로이 맞닥뜨릴 갈등에 대비하는 것이다. 페리클레스Pericles와 포키온Phocion, 에파미논다스Epaminondas는 전부 고독한 가운데 그 위대함의 기틀을 마련했으며, 향후의 인생과 활동에 필요하지만 학교에서는 배울 수 없는 기초 지식을 다졌다. 페리클레스는 중요한 목표가 있으면 그에 따른 마음의 채비를 했지만, 결코 대중 앞에 나서지 않았으며 연회와 모임, 오락이라면 뭐든 삼갔다. 나랏일을 돌보던 시기에도 그는 단 한 번 벗을 만나 시간을 보냈을 뿐, 그마저도 친구보다 한 시간 일찍 자리를 떴다. 포키온은 조용히 물러나 철학 연구에 매진했는데, 이는 현인으로 불리고자 하는 과시욕 때문이 아니라 나랏일을 수행함에 있어 한층 뛰어난 결의와 효과를 창출하기 위함이었다. 에파미논다스는 문학이 주는 기쁨을 누리며 정신을 고양시키기 위해 정진하며 평생을 보낸 인물이다. 그는 만티네아와 레욱트라 전투를 통해 군사적 기술과 수완을 선보임으로써 테베인들에게 놀라움을 선사하기도 했다. 무엇보다 그는 이 전투 당시 자신의 벗 펠로피다스를 구해냈다. 이는 에파미논다스가 시간을 아껴 쓴 건 물론 매사에 주의를 기울여 전념한 데다 대중 앞에 나서길 단념하고 고독을 택했기 때문이었다. 하지만 그의 동포들은 그가 은둔 생활을 포기하고 나서길 종용했고 그에게 절대적 군 통수권을 부여하기에 이르렀다. 결국 그는 자신의 군사적 기량을 발휘해 공화국을 구해냈다.

페트라르카의 성취

페트라르카는 뛰어난 감성으로 정신을 세우고 고독을 통해 얻게 된 습관을 통해 정신력을 강화해 제일 복잡한 정무도 처리할 수 있었다. 그는 고독에 빠진 사람들의 전형으로 성마르고 빈정대길 좋아하며 심술궂었다. 또 당대의 풍조를 지나치게 거칠고 어둡게 묘사해 극심한 비난을 받기도 했는데, 특히 클레멘스 6세의 비호 아래 아비뇽 궁에서 자행된 악행을 묘사한 장면이 그랬다. 하지만 그는 인간 심리를 완벽히 꿰뚫고 있었기에 굉장한 재주와 열정을 관리하는 방법은 물론 그러한 열정을 곧장 자신의 목표에 반영하는 법까지 잘 알았다. 당대 최고의 사학자인 사데Abbe de Sade는 이렇게 말한다. "비록 부드럽고 품격 있는 시인이라는 것 외엔 잘 알려지지 않았지만, 열정적인 그는 운율과 정부의 매력이 조화를 이루는 가운데 노래하길 즐긴다." 그런데 실제로 이러한 내용이 그라는 인물을 다 설명할 수 있을까? 물론 그렇지 않을 것이다. 야만의 폐허에 오래도록 묻혀 온 문학은 그 펜에 지극한 의무를 진다.

페트라르카는 먼지와 부패를 파헤치고 고대 최고의 작품들을 구해냈다. 보물과 같이 귀중한 그 학술 자료들 중 여럿은 순전히 그의 근면성을 통해 발견되어 인류에게 즐거움을 주고 그들을 교육하는 데 기여해 왔다. 그가 발견한 작품들은 그의 연구와 총명함으로 오류가 바로잡히고 정확히 옮겨져 널리 퍼져 나갔다. 그는 우아한 문체와 참된 취향을 지닌 훌륭한 복원 전문가였다. 또 정복 전 고대 로마의 그 어떤 작품과도 견줄 만한 자신의 작품을 통해 대중의 정신을 정화하고 당대의 풍조를 바로잡았으며 그 시대에 만연한 편견을 근절했다. 그는 죽는 날까지 변함없는 결의로 학문을 추구했으며, 그의 마지막 작품은 이전의 모든 작품을 뛰어넘을 정도로 뛰어났다.

이런 그는 다정한 연인이자 우아한 시인, 정확하고 고전적인 사학자였을 뿐 아니라 유능한 정치인이기도 해서 저명하기로 손꼽히는 당대의 군주들이 까다로운 협상안을 그에게 털어놓거나 중요 사안을 그와 상의하기도 했다. 14세기를 주름잡았던 그는 당시 그 누구도 갖지 못한 명성과 신용, 영향력을 지녔었다. 3인의 교황과 황제, 프랑스의 군주, 나폴리의 왕, 다수의 추기경들, 훌륭한 귀족들, 가장 뛰어난 이탈리아 귀족이 그와 우정을 발전시키고 관계 맺기를 청했다. 정치인과 장관, 대사 등 몇 가지 직위를 겸한 그는 중대한 일 처리를 맡았으며 그 과정에서 가장 유용하고도 중요한 진리를 습득하여 이를 밝혔다. 이처럼 두드러진 이점은 전적으로 고독에서 비롯된 것으로 페트라르카는 그 누구보다 고독의 이러한 성질에 익숙했다. 따라서 그는 더욱 애착을 품고 홀로 있는 시간을 소중히 여겼으며 더 열심히 고독을 찬미했다.

페트라르카는 세속의 온갖 유희들보다 혼자 즐기는 여가와 자유로운 시간을 선호했다. 그가 인생의 주된 요소로 신성시한 사랑은 그야말로 오래도록 그의 정신을 약화시킨 듯했다. 그러나 그는 라우라Laura의 발치에서 가만히 한숨짓던 유약한 태도를 급작스레 벗어던졌다. 그러고는 으레 뛰어난 재능과 드높은 명성을 통해 고취되는 자신감과 남자다운 과감함으로 왕과 황제, 교황에게 연설을 했다. 데모스테네스와 키케로에게 필적할 만큼 품격 있는 연설을 통해 그는 삐걱대는 이탈리아의 관심사를 내용에 포함시키려 애썼다. 그리고 교전 중인 세력들에게 동맹국과 단합하여 평화를 해치고 활기를 집어삼키는 야만인들, 즉 공동의 적을 파괴하도록 촉구했다. 로마 제국의 퇴락한 도시에 과거의 영광스러운 모습을 찾아줄 대리인으로 하늘에서 급파한 것만 같은 리엔치Rienzi(로마의 웅변가이자 호민관_옮긴이)의 진취성은 자신의 능력을 통해 제안되고 격려 받았으며 지시와 도움을 얻었다. 그의 능변을 듣고 분발한 어느 소극적 황제는 이탈리아로 쳐들어갔고 카이사르Caesar의 뒤를 이어 정부의 통솔권을 거머쥐었다.

교황 클레멘스 6세는 나폴리 궁에서 겪은 어려움을 교섭 상대에게 토로하기도 했다. 비록 그를 고용한 궁에서는 더없이 만족스러워했지만 말이다. 그는 궁에 체류하는 동안 야심차고 분주하며 진취적인 태도를 보였다. 그런가 하면 언젠가 자신도 시인한 바와 같이 복장을 갖추고 조신들과 함께 장엄한 궁을 가로지르다가도 숲에 거주하며 한가로이 평원을 거니는 은둔자를 볼 때마다 더없는 기쁨을 느끼곤 했다.

대주교이자 밀라노의 귀족, 그리고 롬바르디아의 군주였던 조반니 비스콘티John Visconti는 훌륭한 재능과 끝없는 야망을 통합시킨 인물로 이탈리아 전역에 위협적 존재로 작용했다. 그는 페트라르카를 자기편으로 끌어들이고자 자신의 의회에서 직책을 맡도록 그를 설득했다. 그러자 이 철학자의 벗들은 서로 다음과 같이 숙덕거리곤 했다.

"이 준엄한 공화당원은 자유와 독립 이외의 감상은 몰랐다네. 길들지 않은 이 사나운 황소는 멍에의 그림자만 드리워져도 우렁차게 울어댔지. 그는 사랑 이외의 그 어떤 속박도 견디지 못하며 그마저도 부담스러워했네. 황금 목걸이를 걸기 싫어 처음엔 로마 궁정의 직책도 마다했지. 그러다 마침내 이탈리아 독재자의 구속을 받아들

였네. 고요한 숲이 아니면 살아갈 수 없었던 이 위대한 고독의 사도는 이제 떠들썩한 밀라노 한가운데서 만족스럽게 살아가고 있다네." 이에 페트라르카는 벗들에게 이같이 응했다. "내 벗들은 내가 행한 바를 추궁할 수 있다. 인간에게 최대의 적은 바로 그 자신일지니. 나는 내 취향과 의향에 반해 행동했다. 아! 평생토록 우리는 하지 말아야할 것들을 행하면서 가장 하고 싶은 건 이행하지 않고 내버려 두나니." 한편 페트라르카는 벗들에게 다음과 같이 말했을 법하기도 하다. "나는 고독한 가운데 오래도록 단련된 정신이 세속적 일에 관여하게 되었을 때 해당 업무를 얼마나 이행할 수 있는지 보여주고 싶었다네. 은둔이 선행되었을 때 한 인간이 얼마나 수월하고 확고하며 또 위엄 있게 효과적으로 공무를 처리할 수 있는지 말이야."

대중의 편견에
맞서는 용기

대중의 편견에 맞서는 데 필요한 용기는 경박한 세상

사에 개의치 않을 때만 얻을 수 있으며, 이는 고독한 자가 아니면 좀처럼 품기 힘든 자질이다. 정신력 강화와는 거리가 먼 세속적 가치의 추구는 용기를 약화시킬 따름이다. 또 유희가 지나치게 자주 반복될 때 그러하듯 모든 즐거움에 대한 욕구 역시 무뎌지게 마련이다. 가장 뛰어나게 고안된 훌륭한 계획도 얼마나 자주 수포로 돌아가던가. 단지 일 처리에 수반되는 어려움을 이겨낼 만큼의 용기를 구함으로 인해서 말이다! 또 오롯이 즐기기엔 지나치게 대담할 거란 우려 때문에 막 떠오른 기분 좋은 생각들을 얼마나 많이 짓눌러 버렸던가!

그런가 하면 진리는 정부의 공화주의 하에서만 자유롭고 대담하게 거론될 수 있다는 생각이 만연했으나 이는 분명 근거 없는 생각이다. 좀 더 개방적인 정부 형태에서는 불행히도 단 한 명의 선동자가 주권을 차지할 수 있으며, 상식은 너무도 빈번히 위법 행위로 해석된다. 이러한 부조리 아래에서 정신은 소심해질 수밖에 없으며 그 결과 국민들은 자유를 박탈당하고 만다. 군주국에서라면 모든 위법 행위를 정의의 검으로 처벌할 것이나, 공화국의 경우 처벌은 편견과 격정, 국가의 필요 때문에 가해진다. 공화국 형태의 정부 하에서 부모들이 자녀의 머릿속에 주입하고자 하는 첫 번째 격언은 바로 '적을 만들지 말라'다. 기억하기론 아주 어렸을 적 나는 이와 같은 지혜로운 조언을 듣고 나서 이렇게 반문했다. "어머니, 적이 없다는 건 형편없는 자라는 걸 모르십니까?" 공화국의 시민들은 자주적 대중의 시기 어린 논평과 인가 속에서 생활한다. 반면 군주제의 경우 국민들은 통치권을 가진 군주에게만 복종하면 된다. 여러 주인의 지배를 받으며 살아야 한다는 생각만으로 정신은 겁을 집어먹는다. 사랑과 자신감은 그 자체로 영혼을 고양시키고 사람들을 행복하게 하는 것이다.

그러나 국가와 정부 형태를 막론하고 세속의 무익한 대화를 포기하고 은둔의 삶을 살며 자주적으로 보고 듣는 모든 것에 대해 침착하게 개념을 세우는 이성적 인물은 그리스와 로마, 대영제국 영웅과의 교제를 통해 꾸준하고 일관적인 성품을 얻게 될 것이다. 또 품격 있는 사고가 가능해짐은 물론 저속한 편견 따위의 영향을 받지 않게 된다.

여기까지가 바로 일시적 고독이 정신에 미치는 영향에 관해 내가 말하고자 한 내용으로, 이 주제에 관한 내 실질적 감상을 표현했다. 물론 개중에는 충분히 이해하지 못했거나 제대로 표현하지 못한 부분들도 있을 것이다. 비록 이처럼 미비한 부분들이 있을지라도 이 장을 통해 합리적 고독이 인간의 정신과 태도에 미칠 수 있는 이점들을 조금이나마 확인할 수 있었다면, 나는 이를 위안 삼아 나를 달래고자 한다. 더불어 이어지는 내용을 통해 진실하고 고결하며 기품 있는 즐거움에 대한 감각을 생생히 불러일으킬 수 있다면 더욱 그러할 것이다. 그러한 즐거움은 자연에 대한 고요한 사색과 공정한 모든 것에 대한 예리한 감성, 그리고 은둔을 통해 도출된다.

Ⅱ | 고독이 마음에 미치는 영향

무릇 만족이란 마음이 평온해야만 찾아드는 것이다. 고독할 때 우리의 가슴은 바라 마지않던 대상을 받아들이기 위해 기꺼이 열리며 그에 수반되는 덕목들까지 수용한다.

SOLITUDE

우리가 이 세상에서 누릴 수 있는 최고의 행복은 바로 마음의 평화다. 세속의 소란함을 등질 줄 아는 현인은 욕구와 의향을 누른 채 창조주의 섭리에 자신을 맡기고 물러나 나약한 무리에게 연민의 눈길을 던진다. 이 현인의 최대 기쁨은 바위들 사이에서 작은 물줄기의 부드러운 속삭임에 귀 기울이고 평원을 거닐며 신선한 미풍을 들이마시는 것이다. 또 공중의 성가대원들이 아름다운 선율을 자아내는 숲에 둘러싸여 살아가는 것이기도 하다. 이처럼 단순한 감정을 마음으로 느낄 때 우리는 무엇보다 귀한 축복을 경험하는 법이다.

은둔의 매력을 맛보기 위해 감정의 중심을 없앨 필요는 없다. 감성이 흘러나와 발현되는 즐거움을 버리지 않고서도 세속을 포기할 수 있다. 그러나 이처럼 지극한 행복을 마음에 허용하고자 한다면 그 마음은 자연의 숭고한 아름다움과 계곡을 수놓은 소박한 꽃들에도 즐거워하고 감탄할 줄 알아야 한다. 뿐만 아니라 영혼을 확장시키는 부분과 정신에 가장 부드러우며 기분 좋은 이미지를 제시하는 부분의 조화로운 조합을 동시에 즐길 수 있어야 한다. 떨어져 나온 부분들은 가장 부드러우면서 기분 좋은 이미지를 정신에 제시한다. 그런가 하면 이 같은 즐거움이 강인하고 기운 넘치는 기질로 인해 그 감각마저 생생하며 섬세한 이들에게만 특별히 허락된 건 아니다. 이들에겐 좋음도 나쁨도 동일한 인상으로 남을 따름이다. 지극한 행복, 즉 가장 황홀한 고요함은 보다 냉담한 감정을 지닌 탓에 그 상상력의 담대함과 선명도가 덜한 이들에게도 허락된다. 다만 그들의 경우 마음이 그리는 그림이 그다지 다채롭지 못한 데다 그 색조마저 선명하지 못하다. 그도 그럴 것이 나쁜 일에 충격을 덜 받는 만큼 선명한 인상에도 덜 민감하기 때문이다.

고독에 관하여

고독과 상상력과
자연

    고독한 가운데 마음이 느끼는 지극한 즐거움은 상상에서 비롯된다. 기분 좋은 자연이 주는 감명과 다채롭고 푸릇푸릇한 숲, 급류의 울림, 가볍게 흔들리는 나뭇잎, 수풀 속 새들의 지저귐, 풍요롭고 드넓은 전원의 아름다운 경치, 그리고 기분 좋은 풍경을 자아내는 그 모든 것들이 영혼을 완전히 장악하여 우리가 가진 능력을 흡수해 버리는 까닭에 우리의 정서는 상상의 매력을 빌려 곧바로 마음의 감각으로 전환되기에 이른다. 그러고 나면 가장 유약한 감정이 제일 고결하고 소중한 정서를 낳는다. 하지만 상상력을 발휘해 모든 대상을 매혹적이고 유쾌하게 만들려면 자유가 함께 작용해야 하며 고요한 환경에서 살아갈 수도 있어야 한다. 아! 소란한 즐거움과 떠들썩한 모임을 뒤로하고 고독에서 비롯된 철학적 우수를 즐기기란 그 얼마나 수월하던가!

    종교적 경외심과 황홀한 기쁨은 어둑어둑한 숲과 커다랗게 부서진 바위들, 기분 좋은 드넓은 곳에 공존하는 위풍당당하고 절묘한 대상을 통해 번갈아 샘솟는다. 가장 고통스러운 느낌조차 진지하고 부드러운 혼자만의 공상으로 대체되며, 주변을 에워싼 고요함은 이 공상의 세계로 정신을 불러들인다. 자연의 광대하고도 엄청난 침묵은 단순함과 장엄함의 유쾌한 대조를 선보인다. 한층 더 강렬한 감정이 밀려듦에 따라 우리는 더욱 열정적으로 감탄하게 되고 더불어 완전한 기쁨이 찾아든다.

나는 여러 해 동안 자연이 그 숭고한 작업을 통해 내어줄 수 있는 모든 것에 익숙해져 있었다. 하노버 인근에 있는 어느 정원을 처음 보았을 때가 그랬고, 마리엔베르더에서 5킬로미터 정도 떨어진 곳에 자리한 규모가 훨씬 크고 전원풍으로 꾸민 영국식 정원을 마주했을 때 그러했다. 당시만 해도 나는 그 예술 작품의 범위를 알지 못했다. 그러니까 이 작품은 비옥하지 못한 토양에 새로운 종의 식물들로 정원을 꾸며 척박한 산자락을 양분 넘치는 땅으로 바꿈으로써 청량한 풍경을 빚어낸 것이었다. 이 마법과 같은 예술 작품은 우리의 정신에 놀라운 인상을 심어주며 인간이 구축한 자연의 기분 좋은 매력에 무디지 않은 모든 이의 마음을 사로잡는다. 하노버에 거주한 초기 시절로 돌아가 보자면 그곳에서 지낸 단 하루도 감사와 기쁨의 눈물 없이는 떠올릴 수 없다. 당시 나는 조국의 품에서, 가족에게서, 인생에서 소중했던 모든 것들한테서 멀리 떨어진 상태였다. 그러다 하노버 인근에 자리한, 세상을 등진 나의 벗 M. 드 히뉘버M. de Hinuber의 작은 정원에 발을 들인 순간 내 정신이 온전히 활기를 되찾는 걸 느꼈고, 잠시나마 조국을 비롯해 내 모든 슬픔마저 잊히는 듯했다. 그 광경은 내게 생경한 매력으로 다가왔다. 이전까지 나는 그런 일이 가능할 거라고 생각하지 못했다. 그러니까 그토록 자그만 땅 위에 황홀할 정도로 다채로우면서도 기품 있는 자연의 단순함이 한번에 구현되다니 말이다. 정원이 자아낸 이러한 측면을 바라보는 것만으로도 충분히 마음의 상처가 치유되고 더없이 호화로운 기분으로 가슴이 차올랐다. 뿐만 아니라 무엇보다 삶을 매력적으로 만들어 줄 정서가 빚어졌다.

예술과 자연의 이 같은 재결합은 일찍이 중국이 아닌 영국에서 비롯된 것으로, 자연의 미에 관한 이성적이고 세련된 취향을 토대로 경험과 감상을 통해 그 기틀을 확고히 다진다. 이러한 감상과 더불어 순수한 공상이 가슴에 어린다.

정원에서는 영혼이 고양되고 정신에 숭고한 기쁨이 스민다. 두둑마다 새롭고 다채로운 광경이 드러나 마음은 환희로 차오른다. 나는 그러한 광경이 불러일으킨 감각을 오롯이 느끼며, 그렇다고 해서 좀 더 나은 식으로 정원을 배치해야 한다는 따위의 논쟁 때문에 그 즐거움을 덜어내지 않을 것이다. 또 냉담하고 분별없는 지주들이 내 기쁨을 앗아가도록 두는 일도 없을 것이다. 우아한 예술이나 자연의 정교한 손길이 빚어낸 고요한 풍경은 늘 마음에 평온함을 선사하며 이는 상상에서 비롯된 선물인 셈이다. 부드러운 침묵이 내 곁에서 숨 쉬는 가운데 눈에 들어오는 모든 것들은 유쾌하게 다가온다. 전원의 풍경이 내 주의를 사로잡고 마음을 무겁게 짓누르던 슬픔을 앗아간다. 근사한 고독이 황홀함을 선사하고 성가신 기분을 가라앉혀 자비와 감사, 만족감을 영혼에 불러일으킨다. 나는 내게 상상력을 부여한 창조주에게 모든 공을 돌릴 따름이다. 물론 상상력으로 인해 종종 문제가 야기되기도 하지만 말이다. 은둔의 시간 동안 때로 상상력은 나를 친숙한 바위로 이끈다. 나는 그 바위에 올라 보다 큰 평정심을 바탕으로 그간 헤쳐 온 폭풍과 같은 나날들을 돌아볼 수 있다.

  사실 독일에는 그 모습이 너무도 엉뚱하고 기발해 비웃음이나 혐오감을 사는 정원들이 산재한다. 고작 일주일 치 땔감으로도 충분하지 못한 포플러 나무를 한데 모아 심어둔 광경이란 얼마나 우스꽝스럽던가. 산더미라는 거창한 명칭으로 포장한 흙 두둑은 또 어떤가. 길든 야생 동물과 새들, 양서류를 동굴과 새장에 넣어두고 본래의 웅장함을 연출하려는 광경 역시 터무니없긴 마찬가지다. 오리 몇 마리가 마실 만큼의 물로 이루어진 강을 가로지르는 다양한 다리들과 매일 아침 펌프로 물을 대어 연출한 운하를 헤엄치는 목재 물고기들이란! 이처럼 부자연스러운 아름다움은 상상력에 그 어떤 즐거움도 더하지 못하는 법이다.

스위스 자연의 경외

어느 저명한 영국 작가는 이렇게 말한다. "처음 마주한 고독은 두려움을 불러일으킨다. 결핍에 대한 생각을 불러일으키는 건 전부 훌륭하며, 공간과 어둠, 침묵과 같이 절묘하기 때문이다."

무한에 대한 발상의 결과로 도출된 훌륭한 종種은 적절한 거리를 두고 볼 때 비로소 유쾌할 수 있다. 스위스의 알프스 산맥, 특히 베른 인근 구역은 감히 상상할 수 없을 만큼 장엄한 분위기를 자아낸다. 그러나 가까이 다가가 보면 그 풍경이 숭고하다는 생각 외에 어느 정도의 두려움이 함께 찾아든다. 우리의 눈에 들어온 엄청나게 거대한 덩어리들과 그것이 서로 쌓여 거대하고도 불가해한 산맥을 이룬 광경, 그리고 높디높은 정상이 하늘에 맞닿은 모습은 더없이 황홀한 기쁨을 마음에 전한다. 그런가 하면 풍경 주변으로 부드럽고도 선명하게 잇달아 드리워진 그늘은 강렬한 인상을 누그러뜨리고 그 경치를 숭고할 만큼 기분 좋게 연출해 준다. 반면 이 경이로운 암벽을 가까이서 본다면 누구든 부지불식간에 전율을 느끼고 말 것이다. 만년설과 가파른 절벽, 컴컴한 동굴들, 귀가 먹먹할 정도로 굉음을 내며 꼭대기에서부터 떨어져 내리는 급류, 양옆을 에워싼 검은 전나무 숲, 그리고 오랜 세월을 거치며 마모된 바위 조각들을 마주한 우리의 정신은 밀려드는 경외심과 더불어 사색에 잠긴다. 내 가슴은 그 얼마나 뛰었던가! 이처럼 웅장한 산자락의 가파르고 좁은 길을 타고 오르며 내딛는 걸음걸음을 확인할 때, 그러다 머리 위로 처음 보는 산이 모습을 드러낼 때, 발이 걸려 넘어지지 않도록 최대한 주의를 기울이지만 수천 길 아래에서 죽음이 나를 위협하는 순간에 말이다. 이처럼 웅장한 자연의 풍광 한가운데 머무는 자신을 인지하고 그토록 높은 곳에서 인간의 나약함과 군주들의 우둔함을 돌아볼 때 상상력은 곧바로 타오르기 시작한다!

스위스의 역사가 표명하는 바에 따르면 이 산의 토착민들은 퇴보한 인종이 아니며 가슴이 뜨거운 만큼 그 정서도 풍요롭다. 대담한 데다 자연의 정기를 받은 이들은 자유라는 영혼의 날개를 달고 독재자의 압제를 짓밟아 뭉개버린다. 사실 스위스 국민 중에서도 일부는 완벽하게 자유롭지 못하다. 비록 그들 모두 자유에 대한 개념이 있고 하느님의 포도나무 아래에서 각자 평온한 삶을 영위함은 물론, 무화과나무 그늘을 즐기며 기분 좋은 평온함을 허락하신 하느님께 영광을 돌린다고 할지라도 말이다. 무엇보다 순수하고 진정한 자유는 어김없이 이 거대한 산자락의 주민들 사이에서나 찾아볼 수 있다.

스위스의 알프스 산맥에는 사회성이 다소 결여된 듯하지만 늘 선하고 관대한 인종이 기거해 왔다. 혹독한 기후의 영향에서 비롯된 그들의 강인하고 거친 성향은 목가적 삶을 통해 누그러졌다. 어느 영국 작가에 따르면 알프스 산맥에 불어 닥치는 폭풍우 소리를 들어보지 못한 자라면 끊임없이 내리치는 번개와 윙윙거리는 바람 소리, 이 거대한 산맥을 감싸고 으르렁대는 우레와 같은 천둥소리가 어떠한지 전혀 알지 못한다. 반면 자신의 오두막보다 더 나은 거주지를 알지 못하고 수많은 바위로 이루어진 산 이외의 다른 나라를 보지 못한 사람들은 이 세상을 미완성의 작품이자 끊임없이 폭풍이 불어 닥치는 장으로 간주한다. 그러나 그곳의 하늘이 늘 낮게 드리워지는 건 아니다. 천둥 역시 계속 우르릉대지 않고 번개가 늘 번쩍이지도 않는다. 무시무시한 폭풍우가 지나고 나면 땅은 스스로를 천천히 정돈한 뒤 곧 평화로워진다. 사실 스위스라는 국가의 성향 역시 그 기후의 특성을 따른 까닭에 친절이 폭력을, 관용이 난폭한 분노를 잠재운다. 이러한 성향은 비단 역사적 기록을 통해서만이 아니라 최근의 동향을 보더라도 어렵지 않게 입증될 것이다.

영국의 예술가들은 스위스의 자연이 예술이라는 연필로 그려내기엔 너무도 절묘하고 장엄하다고 털어놓는다. 그렇다 하더라도 기분 좋은 계곡의 낭만적 구릉들은 그 얼마나 강렬한 즐거움을 선사하던가. 또 고요하고 투명한 호수의 가장자리엔 자연이 내어준 다양한 매력적 요소들이 어우러져 그 얼마나 멋들어진 장관을 연출하는지. 이 거대한 숲을 수놓은 위풍당당한 오크나무와 짙은 느릅나무 그늘, 암녹색 전나무는 도금양과 아몬드나무, 재스민, 석류, 포도나무와 어우러져 본래의 풍광에 소박한 미와 다채로움마저 더한다! 세계 어느 나라의 자연도 스위스의 그것만큼 풍요롭고도 다채롭진 못할 것이다. 게스너의 목가시가 탄생할 수 있도록 처음으로 영감을 준 대상 역시 취리히 부근의 풍경이었다.

상상으로 풍성해지는
낭만적 고독

절묘한 아름다움은 마음을 고양시키고 열정을 더하기
도 하지만 마냥 잠잠하기만 한 풍경에 비해 훨씬 더 큰 활
력과 생동감을 상상력에 더한다. 그건 마치 온화한 낮보
다는 깊고 깊은 밤중에 훨씬 더 위엄 있고 엄숙한 분위기
가 연출되는 것과 같은 이치일 것이다.

네미Nemi의 작은 호숫가에 자리한 프레스카티Frescati(스
톡홀름 북부 외곽에 자리한 공원과 같은 지역_옮긴이)는 산과 숲
이 빽빽이 에워싼 깊은 골짜기에 있어 바람조차 좀처럼
불어 닥치지 않는 곳으로, 영국의 어느 시인은 이곳에 대
해 다음과 같이 피력하고 있다.

"짙은 우수가 내려앉아 주변엔 온통
죽음과 같은 고요를 던지고, 두려움이 자리하네.

그 음울함은 장면마다 슬픔을 드리우고

꽃들을 그늘지게 하며 모든 신록에 어둠을 더한다.

폭포의 웅얼거림은 깊어지고

햇볕에 그을린 공포의 입김이 수풀을 감싸네."

알바노 인근 카푸친 정원에서 우수에 잠긴 프레스카티의 호수와 한쪽에 자리한 전원풍의 계곡을 발견한 순간 우리의 영혼은 그 얼마나 확장되며 생각은 또 얼마나 고요하고도 자유로워지던가. 그런가 하면 알바노의 멋들어진 도시에 자리한 리치아Riccia와 젠차노Genzano의 마을과 성은 풍성한 덩굴이 돋보이는 아름다운 언덕을 자랑한다. 언덕 아래로는 한때 세계를 지배한 로마의 터전이었던 캄파니아의 광활한 평원이 위풍당당하게 펼쳐진다. 끝으로 무엇보다 티볼리의 언덕들과 아펜니노 산맥, 그리고 지중해는 또 어떠하던가!

봄이 오면 루돌프 황태자가 기거한 성의 폐허가 언덕 한쪽으로 보이는 장대한 골짜기에 다채로운 색조의 수풀이 우거져 그 무엇보다 순수하고 형언할 수 없는 기쁨을 자아내지 않았던가! 아르강의 급류는 우뚝 솟은 산자락의 그것과 만나 계곡에 거대한 유역을 형성하기도 한다. 그렇지 않으면 강물은 바위들 사이 좁은 틈을 쏜살같이 흘러내려가 드넓고 비옥한 평원 한가운데로 장대하게 스며든다. 반대편 좀 더 아래쪽으로는 리마트강에서 퍼져 나온 지류들이 아르 강물과 순순히 합쳐져 하나가 된다. 이처럼 풍요로운 신록이 어우러진 경치와 함께하다 보면 알베르 1세의 유해가 침묵 속에 누워 있는 모습이 보이는 듯하다. 용맹한 스위스인들과의 전투에서 유명을 달리한 수많은 오스트리아 왕족들과 백작, 기사, 귀족들과 함께 말이다. 멀리 보이는 골짜기에는 저 유명한 도시 빈도니사의 폐허가 자리하고, 나는 이따금씩 그곳에 앉아 인간이 이룩한 위대함이 얼마나 허무한지 되새기곤 한다. 이 멋들어진 지역 너머로는 오래된 성들이 언덕 위로 삐죽 솟은 모습들이 보인다! 멀리 내다보이던 수평선은 알프스 산자락의 정상에 절묘하게 가려져 사라지고 만다. 이 모든 장대한 풍경에 둘러싸인 가운데 내 시선은 본능적으로 바로 아래쪽으로 난 깊고 깊은 골짜기로 향하다 이윽고 내가 태어난 작은 마을에 고정된다. 그러므로 웅장함이나 아름다움은 보는 이의 마음에 따라 다르게 작용

고독에 관하여

하는 듯하다! 어떤 이에겐 두려움의 대상이지만 다른 이에겐 마냥 느긋하고 기분 좋은 느낌을 불러일으킬 수 있는 것이다. 그러나 어느 쪽이든 이러한 감정은 상상력이 미치는 영역을 확대시키고 우리가 각자의 내면으로부터 기쁨을 구할 수 있게 한다.

이러한 글을 통해 즐거움을 누린다면 굳이 스위스나 이탈리아를 찾아 손수 낭만적 고독을 체험해 보지 않아도 될 일이다. 산과 계곡을 가로지르는 순간 자연의 다양한 면모가 상상력과 만날 때 우리의 마음에 얼마나 큰 영향을 미치는지 느끼지 못할 이는 없을 것이다. 아름다운 경치와 신선한 공기, 구름 한 점 없이 맑은 하늘, 그리고 사냥을 통해 느끼는 희열은 건강한 느낌을 불러일으키고 발걸음을 가볍게 한다. 그런가 하면 의존적 생각을 배제한 상태로 가정에서 얻는 위안과 정신적 활동, 순수한 오락이 수반될 때 사고력이 길러지고 상상력은 풍부해진다. 이러한 상상력은 기분 좋은 이미지를 불러일으켜 우리의 가슴에 가장 유쾌한 느낌을 선사한다. 훌륭한 상상력을 지닌 사람은 설사 감옥에 있다 하더라도 상상력 없이 뛰어난 경치에 둘러싸여 있을 때보다 훨씬 더 행복한 법이다.

이 같은 방식으로 행복을 불러일으킬 능력이 없다 해도 전원생활에 따른 소박한 즐거움, 그러니까 수확기의 평범한 풍경조차도 마음에 기적을 행할 수 있다. 무력하고 혐오감에 빠진 이들이라면 더없이 가난한 소작농의 보금자리에 내린 충만한 기쁨을 떠올려 보는 것만으로도 대단한 효과를 체험할 수 있을지니! 우리의 마음은 그소작농이 누리는 아늑한 기쁨에 얼마나 다가서고자 하던가! 자유롭고 다정하며 친절하게 들려주는 순수하고 꾸밈없는 그의 이야기를 듣지 않을 텐가! 그가 품은 그 모든 사소한 우려에도 우리는 불현듯 관심을 가지지 않을까. 그렇게 관심을 가지는 과정에서 우리 마음의 잠재적 성향 역시 정제되고 개선될 테니까 말이다!

평온하게 은둔의 삶을 살며 전원의 풍경을 바라보다 보면 종종 자신의 기질이 조용해지는 걸 느낄 수 있다. 그러면 동시에 세속의 시끌벅적한 즐거움이 무미건조하게 여겨지고 어느덧 마음은 보다 기껍게 고독의 매력을 구하게 된다.

활짝 갠 맑은 하늘을 누리며 가난해지더라도 결코 절망에 빠지지 않는 이탈리아인들 특유의 기분 좋은 게으름은 마음이 느끼는 감정을 대단히 증폭시킨다. 이탈리아의 온화한 기후와 비옥한 토양, 평화로운 종교 생활, 그리고 풍요로운 자연 역시 모든 걸 벌충하기에 충분하다. 내게 커다란 기쁨을 주는 작품의 작가인 영국의 여행가 무어Moore 박사는 이렇게 말한다.

"이탈리아인들이야말로 세상에서 가장 느긋한 민족이다. 들판을 걷거나 그늘에 늘어져 쉴 때조차 그들은 그 평화로움과 기분 좋게 따사로운 기후를 즐기며 혼자만의 사치에 빠져드는 듯하다. 영국인의 과한 태도를 좇거나 프랑스인의 명랑함이나 독일인의 완고한 침착성을 드러내는 일 없이 이탈리아 대중은 즐거움을 주는 온갖 소재에 대해 진지한 감성을 이끌어낸다. 아마도 그들은 그로 인해 다른 민족들보다 더 큰 행복을 누리는 듯하다."

고독한 마음속
낭만

고통과 괴로움을 야기하는 온갖 대상으로부터 벗어난 상태라면 쉽게 이룰 수 없는 희망과 낭만적 감상을 품지 않기란 어려울 것이다. 그러나 이 같은 상황에도 단점이 있다. 사실 낭만적 생각은 자칫 사치스럽고 잘못된 쪽으로 정신을 이끌어 비도덕적이고 경멸을 살 만한 열정을 낳을 수 있다. 그렇게 되면 가볍고 경박한 사고에 익숙해지고, 정신적 능력을 합리적으로 활용하지 못해 결국 진정한 행복을 경험하지 못하게 된다. 이는 영혼이 더없이 흐뭇하게 머물던 환상을 쉽게 내칠 수 없기 때문이다. 이러한 까닭에 보다 고결하고 실체적인 즐거움이 수반되는 일반적 의무를 다하는 삶을 살 수 없게 되는 것이다. 그러나 낭만적 감상으로 인해 정신이 늘 불행한 생각에 사로잡히는 건 아니다. 아! 상상 속을 자주 넘나들며 실제로 완전한 행복을 누리는 이 있던가!

젊은 시절 로맨스물을 대단히 선호했던 루소는 무궁무진한 작품의 소재가 되는 가상의 대상들을 좇느라 여념이 없었다. 또한 그런 상상 속 대상을 즐길 수 있는 능력을 인지하게 되면서 더 이상 스스로에게 주의를 기울이지 않았다. 결과적으로 이러한 상황은 그가 노년기까지 고수한 고독에 대한 취향을 마련하는 기틀이 되었다. 루소 자신에게 그러한 취향은 우울함과 혐오감에 의해 좌우되는 것처럼 보였고, 사랑과 애정과 친절함에 대한 물리칠 수 없는 충동으로 비쳤다. 철학과 진실이라는 영역에서는 그러한 자질들을 찾기 힘든 까닭에 그의 취향은 허구의 영역에서 그 즐거움을 모색해야만 했다.

그러나 은둔하는 가운데 발동하는 상상력은 정신적 감상이나 마음의 느낌을 해치지 않는 선에서 마음껏 활동한다. 아! 스위스에 있는 젊은 시절 내 벗들은 알 것인가. 고요한 밤, 깊이 자고 있어야 할 시간에 내가 얼마나 빈번히 상상 속을 헤매고 다니는지 말이다. 더불어 시간이나 부재로 인해 그들의 다정함에 대한 추억이 사라지지 않는다는 사실을, 이처럼 유쾌한 기억이 내 슬픔을 소멸시키는 동시에 내 모든 고민 위로 망각의 베일을 드리운다는 사실을 그들이 알게 된다면 어떨까. 아마 그들은 상상 속에서나마 내가 여전히 그들 가운데 살아 있음을 깨닫고 더없이 기뻐할 것이다. 실제로는 내가 죽었다 하더라도 말이다.

　정제된 고결한 정서를 통해 마음이 온화해진 고독한 자는 불행할 리 없다. 어리석고 저속한 이가 자신의 운명을 비통해하며 스스로를 걱정과 혐오의 희생양으로 여길 때, 고독한 자는 가장 유쾌한 즐거움을 누린다. 프랑스인들은 루소가 비관적이며 쉽게 낙담하는 성향의 인물이라 여겼다. 그러나 그는 분명 아주 오랫동안 그런 기질을 보이지 않았으며, 특히 수상의 자제 말제르브M. de Malesherbes에게 다음과 같이 서신을 보낼 당시에는 더욱 그렇지 않았다.

　"저를 가장 불행한 인간으로 여기신다니 너무나 유감일 따름입니다. 의심할 여지없이 저 대중들도 저를 향해 같은 감정을 품을 테니 그야말로 괴로운 일이 아니겠습니까! 아! 제가 느끼는 바를 제대로 알린다면 모든 이들이 제 선례를 따르고자 할 것입니다. 그러면 평화가 세상을 지배해 사람들이 더 이상 서로를 죽이려 드는 일은 없겠지요. 더불어 악은 실로 크나큰 보상을 잃는 셈이니 더는 존재할 수 없을 터입니다. 그럼 이런 질문이 제기될 수 있을 것입니다. 과연 고독은 어떻게 이행할 수 있느냐고 말입니다. 그에 대한 제 대답은 이러하겠지요. 고독은 그 누구도 아닌 바로 내 정신 안에서 행해집니다. 또 이 우주 전체에서, 죽어가는 모든 것에서, 존재할 수 있는 모든 것에서 행해집니다. 그 모든 것들 안에서 우리의 눈은 실제적인 것을 통해 혹은 지성의 세계 속 상상을 통해 아름다움을 좇습니다. 저는 제 마음에 드는 모든 걸 한데 그러모은 뒤 욕구를 다독여가며 즐거움을 조절합니다. 그렇습니다! 쾌락을 좇아 마지않는 이들은 그처럼 정제된 기쁨을 맛본 적이 없습니다. 저 역시 선뜻 실현하기 어려운 희망에 대한 생각을 늘 즐기는 편입니다. 실제로 이루어졌다면 그만큼 즐기지 못했을 그런 생각 말입니다."

이는 분명 열정을 담은 언어일 것이다. 하지만 어리석고 저속한 자들이여! 소름 끼칠 만큼 냉정한 이해보다 이정감 있는 철학자의 따스한 공상을 더 선호하지 않을 자 누구겠는가? 모호한 대화와 기만적 표현, 과시적 세련미, 떠들썩한 모임들, 유치한 소일거리와 뿌리 깊은 편견을 내던지고 화목한 가정의 품 안에서 평온하고 자족하는 삶을 살고자 하지 않는 이 있겠는가? 고요한 숲이나 데이지 꽃 만발한 잔잔한 호숫가에서 자연이 선사하는 순수하고도 군더더기 없는 기쁨을 맛보고자 하지 않을 자가 있을까? 추억을 되새기며 더없이 순수하고 감동적이며 여태 경험해 보지 못한 넘쳐나는 기쁨을 누리면서 말이다.

《목가》(10편으로 구성된 베르길리우스의 시집_옮긴이)는 전원이 선사하는 행복을 표현한 완성도 높은 대표작으로 허구의 영역에 속하기도 한다. 단 이 작품은 가장 즐거움을 주면서도 기분을 좋게 만드는 그런 유의 허구다. 참되고 지극한 행복이란 은둔하는 가운데 구해야만 한다. 그때서야 영혼은 비로소 세속의 고통에서 벗어나 잠재적 불행을 야기할 뿐 아니라 이렇다 할 성과도 내지 못하는 인위적 욕구를 느끼지 않게 된다. 작은 것에 만족하고 모든 것에 충족감을 느끼며 사랑과 순수함에 둘러싸인 채 은둔할 때 우리는 시인들이 말하는 황금기가 부활했음을 느낀다. 세상 사람들은 모두 황금기가 지나 버렸다고 한탄하는데도 말이다. 그러나 이러한 후회나 한탄은 정당하지 못하다. 그 모든 즐거움이 행복했던 기간에만 특별히 주어진 건 아니기 때문이다. 또 각각의 개인은 언제든 내킬 때 자신만의 목가적 이상향을 형성할 수 있다. 티 없

고독에 관하여

는 봄과 고요한 숲, 데이지 꽃 만발한 초원이 자아내는 아름다움은 가슴속 감정을 일깨우고 자연을 즐길 줄 아는 이들에겐 언제나처럼 영원하고 순수한 기쁨을 선사한다.

포프Pope(영국의 시인이자 비평가_옮긴이)는 이렇게 말한다. "시의 기원은 세상이 창조된 시점과 맞닿아 있다. 가축을 기르는 일이 인류 최초의 업무인 것처럼 여겨지는 만큼 가장 오래된 시의 종류 역시 목가적 시일 것이다. 오락을 인정하고 받아들인 고대 양치기들의 여가 활동 중에서 노래하는 것만큼 고독하게 한 곳에 머무는 삶과 맞아떨어지는 건 없었다. 따라서 그들은 노래를 통해 자신들만의 고유한 행복을 찬미하고자 했다. 그리하여 시가 탄생하게 되고 그러한 시는 훗날 당시의 행복한 시절을 완벽하게 그려내기에 이른다. 따라서 오늘날까지도 그 시절의 시가 널리 권장되어 우리로 하여금 옛 시절의 덕목을 우러러보게 하는 것이다."

순수와 미덕의 시절에 대한 유쾌하고도 허구적인 이 같은 기술은 우리의 마음에 기쁨과 즐거움을 선사하고, 우리는 그 시인을 축복한다. 지극한 행복에 겨워 황홀해진 시인은 다른 이들도 자신만큼 행복해질 수 있게 했다.

시칠리아와 취리히에서는 이와 같은 인류의 은인을 두 사람 배출한 바 있다. 사실 테오크리토스Theocritus와 게스너Gessner의 목가시를 읽을 때만큼 자연이 매력적으로 보이고 가슴이 달콤한 기쁨으로 차오르는 경우는 없을 것이다. 가슴은 그 어느 때보다 흥겹게 뜀박질하고 영혼은 결코 이때보다 더 완벽한 행복을 느끼지 못한다.

이처럼 쉽고 간단한 방식으로 자연의 아름다움이 이루어지며, 그 아름다움은 상상력의 힘이 더해져 우리의 마음에 강력히 작용한다. 이와 같은 기분 좋은 이미지에 매혹된 정신은 종종 너무도 쉽게 로맨스라는 환상으로 뒷걸음친다. 그러나 그러한 환상에서 비롯된 생각은 대개 합리적 이해를 해치지 않는 선에서 마음을 매만지며 생의 가장 거친 가시밭길에 향기로운 꽃을 흩뿌린다.

여가와 휴식

'지상 최고의 행복'이라 할 수 있는 여가는 고독 안에서가 아니라면 좀처럼 완벽한 행복을 선사하지 못한다. 나태와 무심함이 늘 여가를 제공하진 않는다. 진정한 여가란 힘겨운 임무를 문학과 철학이라는 유쾌한 소일거리로부터 분리시키는 휴식 시간을 통해 찾게 되는 까닭이다. 스키피오P. Scipio(로마의 장군이자 정치가_옮긴이) 역시 이런 견해를 품었던 인물로 '자신은 여가를 즐기며 제일 여유로울 때 가장 게으르지 않았으며, 홀로 있을 때만큼 혼자이지 않았던 적이 없다'고 했다. 여가는 지적으로 무감각한 상태가 아니라 추후의 활동에 대해 새롭게 제시된 보상으로 간주되어야 한다. 또한 여가는 강인하고 활동적인 정신을 통해 추구되며, 활동의 '끝'이 아닌 잃어버린 활기를 회복하기 위한 '수단'으로 보아야 할 것이다. 누구든 그저 조용하기만 한 상태에서 행복을 좇는다면 잡히지 않는 환영을 좇는 것이나 마찬가지이기 때문이다. 여가는 단지 휴식하는 가운데 찾을 수 있는 게 아니라 활동에 대한 최초의 충동을 그러잡는 이에게 찾아드는 것이다. 단, 노동이 따르지 않는 보상과 고통이 수반되지 않는 즐거움을 보장하는 활동이 아닌 다양한 능력에 따른 범위와 특성을 고려해 가장 적합한 것을 택해야겠다.

그러므로 전원으로의 은둔은 대중적 삶에 너무도 만연한 불만의 물줄기를 말린다. 그뿐만 아니라 종종 괴로운 감정을 더없이 달콤한 기쁨으로 변모시키며 세속을 숭배하는 자들은 미처 알지 못하는 황홀함과 만족감을 불러일으킨다. 자연의 평온함은 잘못을 저지르고자 하는 마음을 잊게 하는 대신 쾌활하고 상냥하며 개방적인 데다 확신에 찬 마음이 들게 한다. 더불어 열정을 지혜롭게 관리하고 지나친 상상력이 근거 없는 고민을 조작하지 못하도록 하여 도덕적 감각을 일일이 강화시킨다.

　도시에서는 이러한 이점을 이끌어낼 때 필요한 고독을 쉽게 행할 수 없다. 사실 누군가 자신의 방으로 들어가 조용히 사색하며 감각적 대상에 대한 바람직하지 못한 생각 너머로 정신을 승격시키는 일이 마냥 힘들지만은 않을 것이다. 그러나 실제로는 아주 소수의 사람만이 충분한 결단력을 바탕으로 고독을 실천한다. 설사 집 안에 있더라도 용무는 매 순간 발생하므로 이어지는 사색의 연결고리가 차단될 수 있기 때문이다. 또 혼자 있든, 누군가와 함께 있든 간에 수시로 다양한 사건이 벌어지기에 우리의 헛된 지혜는 내처지고 고통스러운 감정은 증폭되며 정신력은 약화되는 까닭이다.

파리에 머무는 동안 루소는 늘 비참했다. 사실 이 뛰어난 천재는 그 불안한 도시에서 불멸의 작품들을 써냈다. 그러나 학문을 중단하고 거리를 배회하면서부터 온갖 이질적 감상이 덮쳐와 그의 정신은 혼란스러워졌고 기억 역시 희미해져 갔다. 가장 복잡한 미로와 같은 인간의 마음을 너무도 상세히 파악했던 이 총명한 작가이자 해박한 철학자는 결국 어린아이와 같은 상태로 퇴보하고 만다. 하지만 전원에 살 경우 우리는 더없이 안전한 가운데 집 밖으로 나와 생기와 만족감이 커져 가는 것을 느낄 수 있다. 만일 전원의 은둔자가 명상에 지쳤다면 그저 서재의 문을 열고 산책을 즐기면 된다. 그가 내딛는 발걸음마다 평온함이 함께하며 주변 어디로 시선을 돌리든 새로운 즐거움이 그 모습을 드러낸다. 주변의 모든 대상에게서 사랑받음을 느낀 그는 마주치는 모두에게 애정 어린 다정한 손길을 내민다. 그를 성가시게 하거나 자극하는 건 아무것도 없다. 그러니까 그는 혈통을 내세워 오만하게 구는 여성의 거만한 행동 때문에 괴로워하거나 어느 건방진 자의 오만한 자만심을 참고 견디는 위험을 감수하지 않아도 된다. 지배자의 마차에 깔려 뭉개질 염려도 없고, 케케묵은 문서상의 권한을 내세워 그의 재산을 노리는 등 뻔뻔하게 자행되는 악행을 보아 넘길 일도 없다. 또 주제넘은 무례함으로 인해 겸손한 미덕을 갖춘 그가 수모를 당할 일 역시 없는 것이다.

떠들썩한 사회적 교류를 피하고 자신의 마음에서 위안을 이끌어내는 자라면 파리를 비롯한 다른 어느 도시에 머물지라도 이처럼 불쾌한 불안에 시달리지 않아도 된다. 단 신경이 안정되고 육체가 강인하다는 전제하에서 말이다. 불안한 애착으로 인해 혼란스러운 자에겐 모든 대상이 거슬릴 뿐 아니라 모든 열정 역시 흔들리는 가운데 존속하기 때문이다. 무릇 열정은 인생이라는 험난한 바다를 헤쳐 나가는 과정에서 우리가 타고 나아갈 수 있는 바람이라 하겠다. 따라서 열정은 영혼을 움직이게 하는 돛을 올려준다. 만일 그 열정이 난류를 만나 사납게 날뛰어 격렬해지면 항해하던 배 역시 위태로워져 좌초되는 경우가 많다. 인생에서 맞닥뜨리는 사소한 걱정거리들과 하찮은 성가심은 후회할 줄 모르는 마음에 짧게나

마 걸림돌이 된다. 철학은 말한다. 과거의 불안을 잊고 다가올 행복에 대한 안일한 추측을 삼가며 현재의 안위에 만족하며 쉬어 가라고 말이다. 그리고 훨씬 더 나은 것이 도래할 거라는 희망을 품은 채 지금의 행복을 개선하려 들지 말라고 말이다. 사실 모든 상황은 우리가 생각하는 것보다 훨씬 더 나은 방향으로 나아간다. 행복에 대한 기대로 지나치게 불안해하는 정신의 소유자는 좀처럼 만족하지 못하며, 대개는 최고의 성과를 낸 상황에서도 어느 정도의 불만을 더하고 만다. 만족의 물줄기는 선惡을 구분할 줄 아는 신중한 성향과 만족을 추구하고 그걸 즐길 줄 아는 단호한 결단력에서 흘러나와야 한다. 비록 그 만족이 크지 않을지라도 말이다.

은둔의
평화

일반적으로 사람들이 전원의 은둔 생활을 통해 찾게 되리라 기대하는 만족감은 무분별한 감탄이나 게으른 무관심으로 대상을 바라본다고 해서 얻어지는 것이 아니다. 노동을 하지 않으면서 미리 소화하고 정리해 둔 행동 체계마저 없이 고독 안에서 행복을 찾고자 하는 사람이라면 시골에 마련한 오두막에서든 도시의 자택에서든 동일하게 피로에 시달릴 것이다. 반면 지속적으로 업무를 수행해 온 사람이 심오한 고독에 빠진다면 잠깐의 노동을 통해서도 진정한 평온함과 행복을 누리게 된다.

페트라르카는 보클뤼즈에서 고독을 즐기는 가운데 이 같은 평온함을 누렸을 법하다. 단 그의 마음이 사랑 때문에 동요되지 않았다면 말이다. 시간 관리의 기술을 완벽히 이해한 그는 다음과 같이 말했다.

"나는 동이 트기 전에 일어나 하루를 앞에 두고 들판을 거닐며 사색에 잠기거나 서재로 들어가 시간을 보낸다. 나는 글을 읽고 쓰며 생각에 잠긴다. 나태를 이겨내어 잠을 쫓고 사치를 멀리하며 감각적 즐거움 따윈 잊는다. 이른 아침부터 밤까지 척박한 산을 오르고 습한 골짜기를 가로지르며 나는 깊고 깊은 동굴을 찾아 헤매거나 강둑길을 따라 걸으며 생각에 잠긴다. 내게는 정신을 산만하게 하는 사회적 집단도 없거니와 날이 갈수록 사람들로 인해 성가실 일이 줄어든다. 이는 내가 그들과 멀찍이 거리를 두기 때문일 것이다. 나는 지난 일을 돌이켜 보고 장차 다가올 일에 대해 생각한다. 또 내 정신을 세상과 분리시킬 좋은 방편을 찾아냈다. 나는 내가 기거하는 곳을 좋아하게 되었고 아비뇽이 아니라면 어디에서든 잘 지낼 수 있다. 현재 내가 머무는 보클뤼즈에 칩거하며 나는 이따금씩 아테네와 로마, 혹은 피렌체가 내 정신의 지배적 성향과 맞아떨어지는 장소 중 하나임을 알아차린다. 이곳에서 나는 내 모든 벗들은 물론 죽음의 계곡에 들어선 지 오래인 이들과도 함께한다. 더불어 잘 알지 못하지만 작품만은 익숙한 이들 역시 나와 함께 자리한다."

아무리 편안한 삶을 영위하며 화려한 오락을 즐긴다고 할지라도 루소가 자신의 소박한 식사를 통해 느낀 만큼의 만족감을 누려본 이 또 있을까! 그는 다음과 같이 말한 바 있다.

"나는 잔뜩 지쳤지만 만족한 상태로 귀가한다. 그러고는 생각을 하거나 상상에 빠지는 일 없이, 혹은 지금의 평화로운 행복을 저해할 만한 그 어떤 행위도 하지 않은 채 주변 대상들이 선사하는 느낌 속으로 빠져 들어가 가장 고요한 휴식을 경험한다. 잔디밭에 펼쳐진 식탁은 싱그러움으로 가득하다. 나는 단출하고 행복한 가족에 둘러싸여 건강한 식욕과 더불어 식사를 한다. 우리를 단결케 한 사랑과 다정함을 방해할 종속성이나 의존성은 그 어디에서도 찾아볼 수 없다. 내 충실한 개는 내 노예가 아니라 변함없는 벗으로 늘 나와 마음을 같이하는 까닭에, 나는 결코 그에게 복종을 강요하지 않는다. 저녁 내내 느껴지는 흥겨움은 내가 종일 혼자였음을 증명한다. 평소 다른 이들과 함께한다고 해서 기분이 좋아지지 않고 방문객이 성가시게 할 땐 더욱 그러한 나는 저녁 내내 그렇게 앉아 같이하는 이들이 말을 걸 때마다 투덜대듯 응답하거나 침묵으로 일관한다. 적어도 내 훌륭한 아내가 그렇다고 말하니 늘 그렇듯 그 말이 틀림없을 터다. 소박하고 유쾌한 식사를 마친 나는 내 작은 정원을 거닐거나 좋아하는 곡 몇 개를 피아노로 연주한다. 그러고 나면 조용한 휴식보다 더 달콤할 것만 같이 부드럽게 속이 채워진 베개를 베고 자리에 눕는다."

고독에 관하여

어느 소박한 마을의
의사

취리히에서 몇 킬로미터 떨어진 곳에 자리한 리히터스빌Richterswyl 마을은 스위스 내에서도 가장 청명하고 아름다우며 낭만적인 주변 환경을 자랑하는 장소로 어느 저명한 의사 한 사람 역시 이곳에 기거한다. 그를 둘러싼 자연의 풍광만큼이나 그의 영혼도 평온하고 숭고하다. 그는 건강과 우정을 비롯한 모든 평화의 덕목을 기리는 신전에서 살아가는 셈이다. 이 마을은 툭 튀어나온 두 지점이 2킬로미터가량의 멋진 만을 이룬 호숫가에 자리한다. 얼마 떨어지지 않은 맞은편 기슭에는 북쪽에서 동쪽에 이르기까지 멋진 구릉지가 펼쳐져 주변을 에워싸고 있다. 구릉지에는 포도밭과 비옥한 목초지, 과수원, 들판, 수풀, 덤불이 여기저기 섞여 있고 작은 동네들과 교회, 별장과 농가들이 드문드문 흩어져 그곳의 풍경을 수놓는다. 더불어 아직까지 그 어떤 화가도 감히 그려내지 못한 드넓고 광활한 분지가 동쪽에서 남쪽을 가로지르며 펼쳐져 있다. 길이가 20킬로미터에 달하는 호수 위쪽에서 바라

보면 구릉지 옆에 자리한 작은 마을 리히터스빌의 돌출된 지점들이 한눈에 들어오고 더불어 호수의 이쪽과 저쪽을 잇는 다리도 볼 수 있다. 마을 뒤편으로는 골짜기가 반원을 그리며 끝도 없이 펼쳐지고, 우뚝 솟은 봉우리는 아름다운 언덕으로 이어진다. 그 뒤쪽으로 2킬로미터 정도 떨어진 곳에 신록으로 뒤덮인 산자락이 보이고 마을과 집들이 드문드문 그곳에 자리한다. 거기서 좀 더 멀리 나아가면 비옥하면서도 장엄한 알프스 산맥과 마주치게 된다. 서로를 감싸며 굽이굽이 솟은 산은 희미하고 짙푸른 하늘을 번갈아 선보인다. 그 뒤로는 만년설로 덮인 바위산들이 우뚝 솟아 하늘과 맞닿아 있다. 이처럼 풍요롭고 매혹적이며 비할 데 없이 아름다운 풍경의 남쪽으로는 분지가 펼쳐져 서쪽을 향해 펼쳐진 또 다른 산자락까지 이어진다.

그리고 이 산자락 아래 호숫가에 풍요로운 휴경지와 비옥한 초원이 둘러싼 가운데 전나무 숲이 비죽이 튀어나온 리히터스빌 마을이 자리하고 있다. 더없이 깨끗하게 관리된 마을의 거리들은 대부분 포장이 된 상태다. 집들은 대부분이 돌로 지어졌고 외벽은 페인트칠이 된 모습이다. 호숫가 둑을 따라 걷다 보면 마을을 빙 둘러 과수

고독에 관하여

원과 그늘진 숲을 지나 어느덧 산 정상까지 이르게 되므로 그야말로 상쾌한 산책로를 걷게 되는 셈이다. 어디서나 마주치게 되는 이 절묘하고 아름다운 풍광에 넋을 잃은 여행자는 자신의 시야를 황홀하게 수놓는 아름다움을 감상하며 열렬한 호기심과 더불어 사색에 잠긴다. 샘솟는 기쁨이 가슴을 가득 채우고, 잠시 숨을 멈춘 그는 행여 자신이 느끼는 충만함이 사라질까 우려해 본다. 이 매력적인 마을은 곳곳이 더할 나위 없이 일궈지고 나날이 개선된다. 남성과 여성, 그리고 아이들에게 이르기까지 모든 연령대의 다양한 사람들이 저마다의 일에 열중하고 모두가 유용한 사회의 일원으로 활동한다.

의사가 머무는 두 채의 주택은 각기 정원으로 둘러싸여 있다. 비록 마을 중심부에 자리하긴 했지만, 마치 시골 한가운데 지어진 양 한적한 곳에 전원풍으로 꾸며진 집이다. 정원을 지나 내 귀한 벗이 기거하는 방 바로 아래쪽으로는 맑은 개울이 흐르고, 반대편에는 적당한 거리를 두고 도로가 나 있다. 거의 매일같이 수많은 순례자가 그 도로를 지나 은신처로 걸음을 옮긴다. 이 집의 창문은 물론 정원의 어느 쪽에서 보더라도 남쪽으로 2킬로미터 정도 떨어진 곳에 자리한 웅장한 에젤베르크Ezelberg의 뒤편이 눈에 들어온다. 우뚝 솟은 봉우리는 짙푸른 전나무 숲으로 뒤덮여 있고, 내리막길을 따라 작고 아기자기한 마을이 자리한다. 멋들어진 교회의 첨탑 위로는 저무는 태양이 길게 늘어지며 오늘의 일이 끝났음을 알린다. 마을 앞쪽으로 펼쳐진 취리히 호수는 격렬한 폭풍에도 잔잔함을 유지하며 투명하게 반짝이는 수면 위로 호숫가의 다채로운 아름다움이 투영된다.

어느덧 밤이 찾아와 산꼭대기 위 구름 한 점 없는 하늘엔 달이 떠오른다. 달이 매끄러운 호수의 수면을 비추는 이 고요한 밤중에 매력적인 저택의 창문으로 다가가거나 정원으로 나가 관목과 꽃들이 내뿜는 향기를 맡아 보자. 그러면 대자연이 깊이 잠든 동안 맞은편 기슭에서 울려 퍼지는 마을의 시계 소리를 듣게 될 것이다. 한편 리히터스빌 쪽에서는 경비원의 새된 외침이 이따금씩 집에서 기르는 충직한 개들의 짖음과 섞여 들려온다. 멀리 보트들이 냇물을 따라 부드럽게 미끄러져 가는 소리도 들린다. 보트는 노는 물살을 가르며 반투명한 달빛을 가로질

고독에 관하여

러 반짝이는 물결을 헤치고 나아간다.

행복으로 가득한 이 지혜로운 박애주의자의 거주지에서 부와 사치라곤 찾아볼 수 없다. 그의 의자는 짚으로 제작되었고 식탁은 그 지역에서 나는 목재로 만들어졌다. 또한 그가 벗들과 애용하는 접시와 그릇은 죄다 도기다. 집 안은 깔끔하고 편리하게 정돈되어 있다. 심사숙고해서 고른 그림과 판화들은 그가 유일하게 값을 치르고 사들인 수집품이다. 철학에 심취한 이 현자가 평화로이 잠들고 새로운 기쁨을 기대하며 매일 아침 눈뜨는 소박한 방 안에 첫 여명이 비쳐 들어온다. 그가 침상에서 몸을 일으키면 멧비둘기의 속삭임과 더불어 근처 새장에 밤마다 둥지를 튼 온갖 새들의 아침 노래가 인사를 건네며 그를 반긴다. 오전의 첫 시간과 야간의 마지막 시간은 그에게 성스러운 시간이다. 그는 매일같이 그 외 나머지 시간을 죄다 할애해 아프고 고통받는 사람들에게 조언과 도움을 제공한다. 이처럼 직업적 기술을 호의적으로 실천하려면 삶의 거의 매 순간 집중력을 발휘해 몰두해야 하지만, 이 모든 과정이 그에겐 최고의 행복이자 기쁨이다.

스위스 산악 지대 주민들과 알프스 산맥의 골짜기에서 살아가는 주민들은 그의 집으로 몰려들어 그가 베푼 호의에 대한 감사를 표현하고자 헛되나마 적절한 언어를 모색하려 애쓴다. 그들은 그의 애정을 믿어 의심치 않고 그가 지닌 의학 기술에 만족하며 이 훌륭한 의사가 모든 문제를 꿰뚫고 있다고 믿는다. 따라서 그들은 최대한 주의를 기울여 그가 하는 말을 듣고 망설임 없이 그의 질문에 답할 뿐 아니라 그가 건네는 충고와 조언이라면 금싸라기보다 더 소중히 여긴다. 그리고 마침내 그의 진료실을 떠날 땐 은둔처에서 고백을 마쳤을 때보다 더한 유감과 위안, 희망, 체념, 고양된 기분을 느낀다. 이런 식으로 하루를 보내고 나면 인류에 대해 그가 느낄 법한 행복감이 더 커질 수도 없겠다는 생각이 들 것이다. 그러나 한때 사랑하는 남편을 잃을까 두려운 나머지 정신이 산란해지기도 했던 어느 소박하고 순수하며 진솔한 시골 여성이 서재로 찾아와 그의 손을 잡고 뛸 듯이 기뻐하며 "아! 선생님, 이틀 전만 해도 제 남편이 몸져누웠지만, 이젠 꽤나 좋아졌답니다! 존경하는 선생님, 어찌 감사 인사를 올리면 될까요!"라 외친다면 어떨까. 이 박애주의적 인물은 분명 군주가 백성들을 행복하게 만들었을 때만큼이나 가슴을 가득 메우는 초월적 행복을 느낄 것이다.

　지금까지 기술한 내용은 스위스와 그곳에 살고 있는 호체Hotze 박사에 관한 것이다. 그는 현대의 가장 유능한 의사라 할 수 있다. 의사이자 철학자인 그는 다방면을 아우르는 지식과 깊이 있는 판단력, 폭넓은 경험으로 인해 내 친애하는 벗 트리소Trissot, 허첼Hirtzel과 동등한 수준의 명성을 얻었다. 그는 이런 식으로 시간을 보냈으며 한결같음과 행복한 태도를 잃지 않았다. 앞서 언급한 두 시간을 제외하고는 종일 자신을 바라보며 위안을 구하는 불행한 사람들에게 둘러싸여 지냈기에 그는 늘 활동적이고 활기가 넘쳤으며 쉴 줄을 몰랐다. 하지만 그의 이런 노동은 가슴을 가득 채우는 고매하고 정제된 지극한 행복감을 통해 충분히 보상받은 셈이다. 아! 궁정은 미처 그와 같은 인물을 품지 못했도다. 그러나 각 개인 역시 그와 동일한 행복의 감정을 함양하고 누릴 수 있다. 물론 우리가 리히터스빌의 내 친애하는 호체 박사의 집이나 알바노 인근에 자리한 카푸친회 수도사의 수도원, 혹은 전원으로 물러난 조지 3세의 윈저 성을 둘러싼 경치만큼 다채로운 풍광을 지닌 곳에 거주하는 건 아니더라도 말이다.

무례한 자들과
자기반성

무릇 만족이란 마음이 평온해야만 찾아드는 것이다. 고독할 때 우리의 가슴은 바라 마지않던 대상을 받아들이기 위해 기꺼이 열리며 그에 수반되는 덕목들까지 수용한다. 온갖 아름다움으로 채색된 자연이 우리를 감싸고 미소 지을 때 마음은 기분 좋은 풍광에 가 닿는다. 이때 우리는 가장 호의적이면서도 기분 좋은 관점으로 모든 대상을 바라본다. 우리의 영혼은 다정한 애정으로 넘쳐 흐르고 감사할 줄 모르는 세상에 대한 반감도 어느새 사라진다. 또한 한때 같이 어울렸던 자만심 강하고 짓궂은 데다 방탕한 인물들 따위는 잊고 만다. 그렇게 완벽한 평화가 찾아들면 우리는 다른 모든 이들과 더불어 평온함을 느낀다. 그러나 사회에는 상충하는 이해관계로 인해 매일같이 빚어지는 원한 어린 논쟁과 종속관계를 통해 지속적으로 강요되는 무거운 멍에가 존재한다. 이성과 양식을 가진 자는 권력을 쥔 어리석은 자들로 인해 매시간 충격을 받는다. 무례한 상관은 쏟아지는 급류와 같이 고통을 퍼뜨리고 보다 귀한 이들의 행복을 저해한다.

권력을 쥔 어리석은 자들은 그 무엇보다 치명적이면서도 해롭다. 그들은 공정한 구분을 혼동하며 하나의 자질을 다른 것으로 오인한다. 또 모든 이들과 대상을 자신의 수준으로 저하시킨다. 즉 그들은 백을 흑으로, 흑을 백으로 바꿔버리는 것이다. 따라서 그러한 인물의 박해에서 벗어나려면 페르시아의 시인 사디Saadi가 묘사한 여우처럼 행동해야 한다.

어느 날 여우 한 마리가 굉장히 빠르게 달려가는 모습을 지켜보던 사람이 그에게 이렇게 외쳤다. "여우야, 대체 어딜 그렇게 급히 뛰어가느냐! 혹시 나쁜 짓이라도 저질러서 벌 받을까 두려운 게냐?" "아닙니다, 나리." 여우가 대답했다. "양심에 걸릴 짓은 하지 않았죠. 자책할 일도 없고요. 그저 사냥꾼들이 오늘 아침에 '낙타'를 사냥할 거란 얘길 우연히 들었을 뿐이랍니다." "그렇구나. 그런데 그게 너랑 무슨 상관이더냐? 넌 낙타가 아니니까 말이다." "아, 이런. 어르신." 여우가 대답을 이었다. "지혜로운 자에겐 늘 적이 따른다는 걸 모르시나요? 만일 누군가가 저를 가리키며 사냥꾼들에게 '저기 낙타가 간다'라고 외친다면 그들은 제가 정말 그 사람이 말한 동물인지 제대로 알아보지도 않고 당장에 절 붙잡고 말겠지요." 여우의 이러한 주장은 분명 옳다고 할 수 있다. 무지하든 시샘을 하든 간에 인간이란 대개 어느 정도 사악하게 마련이며, 그들의 악의를 피하는 유일한 방법은 그들을 멀리하는 것뿐이다.

은둔에 수반되는 소박함과 규칙성, 평온함은 잔뜩 달궈진 기질을 누그러뜨리고 과도한 욕망이 들이닥치지 못하도록 마음을 돌보며 쏟아지는 악의와 비난에도 마음이 상처 입지 않고 꿋꿋이 버틸 수 있도록 한다. 그런가 하면 은둔함으로써 필연적으로 겪게 되는 자기반성은 우리가 자신의 결함을 돌아보고 타인의 뛰어난 장점을 공정히 평가할 수 있도록 한다. 로잔Lausanne에서 고독을 즐기다 보면 가정 안에서 행복을 찾는 사례를 어디에서나 목격할 수 있다. 그날 하루 주어진 업무를 충실히 이행한 근면한 시민이라면 저녁때 아내와 아이들이 기다리는 집으로 돌아가 진정한 위안과 만족을 누려 마땅하다. 두 팔 벌려 그를 반기며, 벗과 후원자들이 베풀 법한 애정 어린 다정함을 표시하는 가족을 마주하는 순간, 모략을 내뱉는 음성과 감사함을 모르는 마음, 상급자의 업신여김, 그리고 세속적 교류에 수반되는 그 모든 굴욕 따윈 깨끗이 잊히고 만다. 가족의 열렬한 애정 앞에 뛰는 그의 가슴은 더없이 강렬한 기쁨으로 가득하다.

만일 인생의 온갖 희비와 사람들의 과시, 부자들의 불손, 권력자들의 오만으로 인해 마음이 어지럽혀졌다면, 혹은 사기와 거짓, 위선 때문에 화가 나고 기분이 상했다면 어떻게 할까. 그런 경우 우리는 자신이 아끼고 지지하는 이들과 어울림으로써 다정한 온기로 실의에 빠진 마음을 되살리고 유연한 감상이 영혼을 고양시키도록 해야 한다. 더불어 우리를 둘러싼 순수한 기운이 정신을 안정시키고 스스로로 하여금 겸손한 무리와 섞일 수 있도록 한다. 더 높은 지위에 오른 이는 정치인의 신임을 받거나 저명한 이가 총애하는 동지거나 품평회에서 존경받는 인기 인사로 훌륭한 가문과 풍족한 재산을 지니고 있으며 대중에게 선망 받는 지도자일 것이다. 그러나 그의 부유하고 화려한 집이 질투와 불협화음의 장이 되고, 지혜롭고 고결한 이들이 진흙 벽과 초가지붕으로 지은 집에 살며 느끼는 만족을 전혀 이해하지 못한다면 그는 실로 빈곤하기 그지없다 하겠다.

고독과 용기, 그리고 자유

부로 인해 무기력해진 인물이라면 아주 사소한 불편함도 심각한 불행으로 여기며 무례하고 폭력적인 태도를 견뎌내지 못한다. 그는 갓 피어난 여린 꽃처럼 섬세하고 조심스럽게 대우받고 싶어 한다. 반면 거친 역경을 헤쳐 나온 이들은 단호하고 대담한 걸음걸이로 인생의 가시밭길로 돌진해 무심하고 개의치 않는 태도로 가시덤불을 쳐내어 버린다. 거짓된 견해와 세상의 편견을 뛰어넘은 이들은 참을성 있는 불굴의 용기로 거센 불행을 견뎌내며 사소한 상처 따윈 무시하고 넘어갈 줄 안다. 적들의 악의와 벗의 배신을 당당히 멸시해 버린다.

그러나 높은 산에서 불어오는 산들바람과 맑은 샘물, 잘 보존된 강, 울창한 숲, 서늘한 동굴, 데이지 꽃 만발한 들판이 있어야만 역경이 낳은 결과를 가볍게 보아 넘기거나 잊을 수 있는 건 아니다. 자신의 길을 굳건히 가며 본인의 취향과 뜻에 따라 살아갈 용기를 지닌 자는 인생의 사소한 희비나 사람들이 던지는 악평과 부당함에 좌우될 리 없다. 모름지기 강요로 일을 행할 때보다 자발적으로 무언가를 할 때 우리는 더 큰 기쁨을 느낀다. 세속적 규제와 사회적 의무는 자유로운 정신을 질리게 한다. 또 영예와 부를 쌓았음에도 그토록 애타게 얻고자 한 정신적 만족감을 박탈하고 만다.

실제로 고독은 마음을 안정시킬 뿐 아니라 다정하고 고결하게 만들며 시기와 부정, 교만한 무지에서 비롯된 악의를 뛰어넘도록 그것을 승격시킨다. 그리고 고독은 이보다 훨씬 더 가치 있는 이점을 제공하기도 한다. 자유, 그러니까 진정한 자유는 떠들썩한 군중과 세속과의 강제적 연결을 피해 멀리 날아간다. 실제로 확인된 바와 같이 고독 안에서 인간은 자신을 잊게 한 산만함에서 벗어나 회복하게 된다. 더불어 자신의 지난 모습과 향후의 모습을 분명히 이해하며, 자연을 탐구하고 자유인으로서의 성향이 미치는 범위를 깨닫는다. 또 고독에 잠긴 인간은 인위적인 모든 것을 거부하며 자신의 감정에 따른다. 뿐만 아니라 가혹한 주인이나 고압적인 폭군을 더 이상 두려워하지 않으며, 휴식에 걸림돌이 되는 사업적 제약이나 즐거움의 추구로 인해 고통받지도 않는다. 그는 또 비굴하게 굽실대는 습관의 족쇄와 독단적 관습을 대담하게 뚫고 나아가 확신과 용기를 바탕으로 판단하며 정신적 감정을 통해 마음의 감상을 향상시킨다.

스탈 부인Madame de Stael(프랑스의 낭만주의 소설가이자 비평가_옮긴이)은 궁정에서 자유를 누릴 수 있다는 생각 자체가 크나큰 오류라고 여겼다. 그도 그럴 것이 궁정에 있다 보면 아무리 사소한 행사일지라도 수많은 의식이 수반되는 걸 지켜보아야 하고, 개인의 생각을 드러내 놓고 이야기할 수 없기 때문이다. 또 그곳에선 개인의 감정도 주변인들에게 맞춰야 하며 모든 이들이 우리를 통제하려 드는 까닭에 아주 작은 즐거움조차 맛볼 수 없다. 그녀는 이렇게 말한다. "진정으로 즐거움을 누리려면 고독을 구해야 한다. 내가 처음 나 자신을 마주한 것도 바스티유 감옥에서였다."

자유와 여가는 합리적이고 능동적인 정신의 소유자로 하여금 다른 종류의 행복에 무관심해지도록 한다. 자유와 고독을 사랑한 페트라르카는 세속의 부와 명예를 끔찍이도 혐오했다. 노년에 몇몇 교황의 비서직을 맡아 달라는 요청을 받은 그는 많은 보수를 제공하겠다는 유혹 앞에서 다음과 같이 대답했다. "자유를 희생해 가며 얻은 부는 고통을 초래할 따름이다. 금과 은으로 만든 멍에가 목재나 철재 멍에에 비해 그 성가심이나 구속이 덜하다고 볼 수 없다."

그가 벗과 후원자들에게 솔직히 시인한 바에 따르면 제아무리 크나큰 부도 마음의 편안함과 자유에 비할 바 아니었다. 부를 가장 필요로 하는 시기에 이를 경멸한 그는 부를 갖추지 않았을 때 더 편하게 살아갈 수 있음에도 당장 그것을 추구한다면 그야말로 수치스러운 일이 될 거라고 말한다. 또 누구나 자신의 이동 거리를 감안해 여행에 필요한 경비를 배분해 두어야 하는 까닭에 여정의 마무리 단계에 이르렀을 땐 '길에서 소비하는 돈'보다 '숙박비용'을 더 염두에 두어야 한다고 언급했다.

교황의 자리를 두고 벌어진 온갖 지독한 행태에 신물이 난 페트라르카는 고작 스물셋의 나이에 고독한 은둔 생활을 시작했다. 더욱이 그는 훌륭한 조신에게 필수적인 인격과 외모를 두루 갖춘 터였다. 자연은 그에게 그 모든 빼어난 자질을 선사한 듯했다. 그의 훌륭한 외모는 보는 이에게 너무도 강렬한 인상을 남겼기에 페트라르카가 지나갈 때면 누구든 감탄하며 균형 잡힌 그의 자태를 가리키기 바빴다. 밝게 빛나는 그의 두 눈은 열정으로 가득했고, 생동감 넘치는 얼굴은 활발한 그의 정신을 드러냈으며 두 뺨은 더없는 생기로 빛이 났다. 너무도 풍부한 표정을 지닌 그는 남성적이면서도 우아하고 고결한 외모의 소유자였다. 이탈리아의 온화한 기후와 젊음의 열정, 유럽 각국에서 교황청을 찾은 여러 미녀들의 매력, 무엇보다 당대에 만연한 방탕한 분위기로 인해 타고난 기질이 더욱 고양된 그는 아주 초년기부터 여성 사회에 입문했다. 드레스 장식은 그의 주의를 끌기에 충분했고, 늘 옅은

고독에 관하여

색이었던 의상에 조금이라도 자국이 나거나 구겨진 곳이 있으면 그는 더없이 불편해졌다. 그는 하다못해 구두에 이르기까지 우아하지 않은 건 뭐든 기피했다. 따라서 그의 구두는 너무 꽉 조인 나머지 발을 구겨 넣어야 할 지경이었다. 만일 그가 여성들의 눈엔 다소 못마땅하더라도 불구가 되는 것보다 낫다는 사실을 떠올리지 않았더라면 머지않아 발을 못 쓰게 되었을 것이다.

페트라르카는 거리를 걸을 때도 바람 때문에 머리 장식이 흐트러지지 않도록 주의를 기울였다. 이처럼 여성 못지않게 외모에 신경을 썼지만, 페트라르카는 줄곧 문학에 대한 남다른 애정과 도덕적 정서에 대한 범접할 수 없는 애착을 보였다. 그런가 하면 그는 자신이 가장 선호하는 이탈리아어의 매력을 칭송했지만, 보다 진지하고 중요한 문제에 관해서는 따로 습득한 언어적 지식을 활용했다. 또한 자신의 온화한 기질이나 뛰어난 감수성으로 인해 절절한 죄책감과 후회라곤 느끼지 못한 채 정신이 타락하거나, 작지만 무분별한 행동이 야기되는 걸 원치 않았다. "나는 그토록 유혹적인 열정으로 인해 줄곧 괴로워하기보다 철석같이 단호한 마음을 지녔으면 한다.”이 쾌활한 젊은이의 마음은 교황청을 수놓은 미녀들 때문에 늘 괴로웠다. 그녀들의 매력이 지닌 힘과 페트라르카가 직위를 통해 미녀들의 호감을 사는 능력으로 인해 여성들은 그의 곁을 떠날 줄 몰랐다. 그러나 점점 옥죄어 오는 사랑의 고통과 불안감에 당황한 그는 미녀들의 유혹을 조심스레 피해 가며 사랑하는 로라를 만나기 전까지 ‘정복되지 않은 자유로운 상태로 사랑의 정글’을 헤치고 다녔다.

민법을 관장하는 일은 이 시기 아비뇽에서 명성을 얻는 유일한 방편이었다. 그러나 페트라르카는 직업상 금품수수를 유난히 싫어했다. 법정 변호사로 활동한 그는 뛰어난 화술 덕택에 많은 사건을 맡았지만, 훗날 다음과 같이 자책했다. “젊은 시절 나는 말로 사람들을 납득시키거나 거짓을 조작하는 일에 전념했다. 그러나 자신의 성향에 반하는 일을 한다면 좀처럼 성공을 거두기 힘든 법이다. 내가 좋아하는 건 고독이기에 법정 변호사 일은 역겹고도 혐오스러웠다.” 그가 자신의 장점에 대해 남몰래 품었던 자의식은 페트라르카에게 젊은이다운 자신감을 갖추게 했다. 또 최고의 경지에 도달했다는 고양된 정신의 소유자로서 그는 교단의 변호사직을 고사했다. 그러나 교단 법정에 대한 페트라르카의 뿌리 깊은 증오는 그의 활동과 승진을 가로막았다. 서른다섯에 이르던 해에 그는 이런 말을 남겼다. "예수 그리스도를 대리하는 교단 법정에서 재산을 축적하고 싶진 않다. 만일 내가 그리하고자 한다면 높으신 분들의 저택에 부지런히 출입하며 아첨과 거짓과 기만을 일삼아야만 할 것이다."

그로선 이런 일을 실행하기가 너무도 고통스러웠는데, 이는 단지 그가 인간 사회를 혐오하거나 출세하길 싫어해서가 아니었다. 자신의 야망을 이루기 위해 어쩔 수 없이 이용해야만 하는 방식이 못 견디게 싫었던 까닭이다. 영광이야말로 그가 열렬히 바란 소망으로 페트라르카는 이를 얻기 위해 부단한 노력을 기울였다. 단 그는 일반적인 방식 대신 가장 흔하지 않은 길을 택하기로 흔쾌히 마음먹었는데, 물론 그 길은 다름 아닌 세속에서 물러나 은둔하는 것이었다. 고독에 대한 페트라르카의 희생은 중대했으나, 그의 정신과 마음은 고독에 수반되는 이점을 더없이 기쁘게 누렸다. 그가 누린 건 바로 사치스러운 궁정에 대한 혐오와 자유에 대한 사랑으로 인해 얻은 행복이었다.

자유의
가치

자유에 대한 사랑은 루소의 정신에 사회에 대한 뿌리 깊은 혐오를 심어 준 은밀한 원인이었으나, 고독 안에서는 모든 즐거움의 원천으로 작용했다. 말제르브에게 보낸 그의 서신들은 그의 실제 성향을 발견했다는 점에서 《고백록》만큼이나 주목할 만하다. 《고백록》은 그의 성격이 그랬던 것처럼 많은 오해를 산 바 있다. 말제르브에게 부친 한 통의 서신을 통해 루소는 이렇게 말하고 있다.

"나는 실로 오랫동안 세속과 교류할 때마다 느낀 강한 혐오의 원인을 오해해 왔다. 그러니까 대화를 통해 내 얕은 지식을 드러낼 때 필요한 민첩하고 준비된 재능이 없다는 데서 오는 굴욕감이 그러한 혐오의 원인이라고 치부한 것이다. 그리고 이 말은 곧 내가 가치 있다고 여긴 사람들의 평판을 통해 인정받을 만한 명성을 지니지 못했다는 뜻이기도 하다. 터무니없는 것들에 대해 수도 없이 적어보고 나서, 그리고 모두가 나를 원하고 있음을, 내 우스꽝스러운 자만심에 젖어 스스로 예상한 것보다 훨

고독에 관하여

쎈 더 진지하게 존경받고 있음을 인지하고 나서야 나는 내가 바보 취급을 받을 리 없다는 사실을 깨달았다. 사회적 교류에 대한 혐오는 줄어들 줄 모르고 늘기만 했으나, 그러한 혐오는 분명 다른 원인으로 인해 야기되며, 이는 내가 구해야만 할 그런 종류의 즐거움이 아니라는 결론에 이르렀다. 그렇다면 실제로 혐오를 일으킨 원인은 무엇이란 말인가? 그건 바로 그 무엇도 이기지 못할 자유를 향한 불굴의 정신이며, 명예와 부, 명성 따윈 그에 비하면 아무것도 아니라 할 수 있다. 이러한 자유에 대한 갈망은 자만심보다는 나태에서 비롯된다. 그런데 이 나태함이란 믿을 수 없을 정도로 놀라운 것이다. 나태는 모든 걸 두려워하게 할 뿐 아니라 시민으로서 이행해야 할 아주 사소한 의무까지도 견뎌내지 못하도록 만들고 만다. 사실 의무적으로 말하고 쓰거나 누군가를 방문해야 한다는 건 그러한 의무가 발생하는 순간부터 내게는 가장 심한 고통일 따름이다. 나로선 사람들과의 평범한 교류가 너무도 끔찍하지만, 바로 이러한 연유로 사적인 우정을 통해 느끼는 즐거움이 너무도 소중하다. 왜냐하면 사적인 우정을 즐기는 동안은 의무적으로 무언가를 행하지 않아도 되기 때문이다. 우리는 그저 마음이 가리키는 감정을 따르면 되고, 그러면 모든 게 해결된다. 바로 이것이 내가 호의를 받아들이길 그토록 두려워하는 이유다. 그도 그럴 것이 모든 친절에는 인정과 감사가 수반되어야 하는데, 내가 마음으로 감사할 줄 모르는 건 감사가 의무가 되는 까닭이다. 한마디로 내게 가장 큰 기쁨을 선사하는 행복은 원하는 바를 이행하는 데 있지 않고 대신 싫어하는 것을 피하는 데 있다 하겠다. 또한 활동적 삶은 내게 전혀 유혹적이지 못하다. 나는 싫어하는 걸 하느니 차라리 아무것도 하지 않는 편을 택할 것이다. 그런 의미에선 바스티유 감옥에서조차 그토록 불행하게 지내지 말았어야 한다는 생각이 종종 든다. 그곳에선 벽 안에 갇혀 지낸다는 것 말고는 다른 제약이 없어 자유로웠기 때문이다."

영국의 어느 작가는 이렇게 반문한다. "롬바르디아의 비옥한 평원에 사는 주민들은 그토록 풍성한 자연의 선물을 보유했음에도 어째서 스위스 산악 지대에 거주하는 이들보다 풍요롭지 못하다는 말인가? 그건 바로 자유 때문이다. 자유는 햇빛과 미풍보다 더 자애로운 영향력을 발휘해 울퉁불퉁한 바위를 흙으로 덮고 썩은 늪에 고인 물을 빼내며 갈색 황야에 신록을 입힌다. 자유는 또 노동자의 얼굴에 미소를 입히며 그로 하여금 늘어가는 가족을 크나큰 기쁨으로 바라보게 한다. 롬바르디아의 비옥한 들판을 저버린 자유는 스위스의 산악 지대에 머문다."

그의 이러한 논평은 다소 과하게 표현된 듯하지만, 우리Uri와 슈비츠Schwitz, 운터발덴Underwalden, 추크Zug, 글라루스Glarus, 아펜첼Appenzel에서는 사실이 그러하다. 무릇 바라는 것보다 더 가진 자는 '부유'하며, 자신의 뜻대로 생각하고 말하고 행동할 수 있는 자는 '자유'롭다.

그러므로 권한과 자유야말로 삶을 진정 매력적으로 만든다. 좀처럼 갖추기 힘든 그러한 마음가짐의 소유자라면 '나는 충분히 가졌다'라고 진심으로 말할 수 있으며, 이것이야말로 철학이 낳는 최고의 성과라 하겠다. 모름지기 행복은 많이 가지는 것이 아니라 충분히 가지는 것에 있다. 이러한 까닭에 수많은 왕들과 귀족들은 좀처럼 행복을 누리지 못했다. 그들은 늘 자신이 가진 것보다 더 많은 걸 원했고, 권한이 허락하는 것보다 더 많이 성취하도록 끊임없이 재촉받았던 것이다. 무릇 적게 바라는 자는 충분히 가졌다고 할 수 있다. 페트라르카는 추기경인 그의 벗 탈레랑Talleyrand과 볼로냐Bologna에게 쓴 편지에서 이렇게 말한다.

"나는 충분히 만족스러우며, 더 이상 바라는 건 없다. 나는 살아가는 데 필요한 모든 걸 누린다. 킨키나투스 Cincinnatus와 쿠르티우스Curtius, 파브리시우스Fabricius, 레 굴루스Regulus 같은 인물들은 여러 나라를 정복하고 왕들을 승리로 이끌었지만, 지금의 나만큼 풍요롭지는 못했다. 만약 내가 욕망으로 향하는 문을 열게 된다면 나 역시늘 빈곤할 것이다. 모름지기 사치와 야망, 탐욕은 그 한계를 알지 못하며 욕망이란 헤아릴 수 없는 수렁과 같다. 내게는 몸을 가릴 옷과 살아갈 만큼의 양식, 나를 태울 말, 그리고 살아 있는 동안 눕거나 그 위를 걷다가 죽으면 유해를 묻을 땅이 있다. 로마의 황제라 해도 이보다 많이 소유한 자 있었던가? 내 신체는 건강하니 열심히 일하면 내 뜻을 거스를 일이 적을 것이다. 내가 보유한 온갖 종류의 책들은 더없이 소중한 보물과 같다. 책들은 후회를 남기지 않을 만큼 충만한 기쁨으로 내 영혼을 채운다. 또 내게는 내가 가진 그 어떤 것보다 소중한 벗들이 있으며 그들의 조언이 내 자유를 침해하는 일은 없다. 나를 시기하는 자들이야말로 내 유일한 적이다."

고독과
세속적 자유

고독은 지나친 욕구를 억눌러 줄 뿐 아니라 사람들로 하여금 자신이 진정 원하는 걸 찾도록 한다. 생활 방식이 소박한 곳에서는 사람들이 진정 원하는 바가 적을 뿐 아니라 그러한 바람을 충족시키기도 수월하다. 사치에 대한 욕구가 일지 않으면 그것을 누려야겠다는 생각조차 들지 않는 법이니 말이다. 어느 시골의 늙은 보좌신부는 베른주 툰Thun호 인근의 높은 산에서 평생을 살아왔는데, 어느 날 붉은 뇌조 한 마리를 얻게 되었다. 그런 조류가 있는지도 몰랐던 이 선한 늙은이는 이 희귀한 새를 어떤 식으로 처리할지 요리사와 의논한 끝에 그것을 정원에 묻기로 했다. 아! 만일 우리도 붉은 뇌조의 훌륭한 맛을 몰랐다면, 툰호 근처 산속에서 살아가는 소박한 목사

만큼이나 행복하고 자족했을 법하다.

자신의 욕구를 진정 바라는 바로 국한시키는 자는 현존하는 그 어떤 인간보다 현명하고 부유하며 만족할 줄 안다. 그러한 자의 행동 체계는 그의 영혼과 마찬가지로 소박함과 진정한 위대함으로 충만하다. 더불어 그는 순전한 무명과 평온한 은둔 생활을 통해 지극한 행복을 추구하는 가운데, 진실을 사랑하는 데 전념하며 자족하는 마음에서 최고의 행복을 구한다.

침착하고 평온한 삶은 감각적 쾌락의 탐닉을 덜 위태롭게 만든다. 한편 관능의 무대는 낭비와 잔인함, 시끌벅적한 웃음과 떠들썩한 모임에 관한 장면을 상연한다. 더불어 치명적인 술잔과 상다리가 휘어질 듯 차려진 식탁, 음탕한 춤사위, 세균이 담긴 용기, 빛바랜 장미가 놓인 무덤, 고통을 부르는 온갖 음울한 생각 따위도 관객 앞에 제시된다. 그처럼 역겨운 즐거움을 혐오해 은둔하는 자에겐 보다 수준 높은 기쁨이 주어진다. 그리하여 온화하고 숭고하며 순수할 뿐 아니라 영속적이고도 평온한 그런 기쁨을 누리게 된다.

고독에 관하여

어느 날 페트라르카는 보클뤼즈에 있는 자신의 은신처로 그의 벗 콜로나Colonna 추기경을 초대하기로 하고 다음과 같이 썼다. "시끄러운 도시보다 시골의 고요함을 선호한다면 어서 와서 즐기게나. 내 식탁이 간소하다고 해서, 혹은 침대가 딱딱하더라도 놀라진 말고 말일세. 왕들도 자신들이 생활하는 호화로운 환경을 종종 역겨워해서 좀 더 아늑하고 가정적인 위안을 그리며 한숨지었다네. 환경을 바꿔보는 건 언제나 즐겁지. 그리고 때때로 멈춰보면 즐거움은 더 생동감을 띠는 법이야. 하지만 자네가 이런 정서와 맞지 않는다면 진귀한 식품과 베수비오 산 와인, 은그릇들처럼 뭐든 자네가 즐겨 사용하는 걸 가져와도 좋겠네. 잔디로 꾸민 침대와 시원한 그늘, 나이팅게일의 노랫소리, 무화과와 건포도, 막 솟아올라온 샘물은 내가 제공하겠다고 약속하지. 그러니까 진정한 기쁨을 맛볼 수 있도록 자연이 손수 마련한 모든 걸 내주겠다는 말이네."

아! 만족감을 부여하는 대상을 위해 걱정만 심어주는 것들을 기꺼이 버리지 않을 이 누구이겠는가! 이따금씩 상상력과 취향, 열정을 전환하는 기술은 우리의 정신에 새로운 미지의 즐거움을 선사하며 고통 없는 기쁨과 후회 없는 호사를 부여한다. 이때 포만감으로 인해 줄어든 감각은 새로운 즐거움으로 되살아난다. 숲에서 들려오는 생생한 지저귐과 졸졸 흐르는 개울 소리는 오페라 음악이나 유능한 대가가 작곡한 곡보다 더 감미로운 즐거움을 선사한다. 또 우리의 시선은 화려하게 빛나는 무도회나 각종 모임을 향할 때보다 창공과 창해, 바위로 뒤덮인 산들을 바라볼 때 더욱 유쾌하다. 즉 우리의 정신이 이전까지는 견딜 수 없을 것 같았던 고독을 즐기고 소박함의 품에 기댄 채 온갖 헛된 기쁨을 포기해 버리는 것이다. 보클뤼즈에 머물던 페트라르카는 벗들 중 한 명에게 다음과 같이 썼다.

"나는 내 신체적 힘이 적이란 걸 알기에 그와 전쟁을 벌이고 있네. 수많은 어리석음에 대해 죄책감을 느끼게 한 내 두 눈은 이제 햇볕에 그을린 한 늙은 흑인 여인에게로 향한다네. 만일 헬렌Helen 혹은 루크레티아Lucretia가 그런 얼굴을 하고 있었다면 트로이Troy는 잿더미로 변하지 않았을 테고 타르퀴니우스Tarquin도 제국에서 쫓겨나지 않았겠지. 하지만 그녀의 이러한 외적 결함은 충직하고 순종적이며 부지런한 성격으로 벌충된다네. 종일 들판에 있는 그녀의 주름진 피부는 뜨거운 햇살을 견뎌내지. 옷장에는 아직 좋은 옷들이 가득하지만, 난 그 옷들을 입지 않는다네. 아마 자네가 나를 본다면 흔한 노동자나 순박한 양치기라고 여길 수도 있겠지. 예전엔 내가 걸치는 옷에 너무도 연연했지만, 당시에 그랬어야 했던 이유가 이젠 사라지고 없다네. 나를 사로잡고 있던 족쇄가 끊어져버린 거지. 한때 내가 잘 보이려 했던 시선들은 이제 닫히고 없다네. 만일 그 시선들이 아직도 나를 바라보고 있다 해도 더 이상 내 마음을 짓누를 수 없을 걸세."

고독은 우리 마음에 자리하고 있던 세속의 복잡하고 그릇된 화려함을 떼어내버림으로써 온갖 헛된 야망을 몰아낸다. 전원에서 누리는 기쁨에 익숙해져 여타의 다른 즐거움에 무심해진 현자라면 더 이상 높은 직위와 세속적 출세가 자신이 추구하는 바라고 여기지 않는 법이다. 어느 고결한 로마인은 어쩔 수 없이 영사직을 수락하며 눈물을 멈출 수 없었는데, 영사로 일하게 되면 1년 동안 자신의 들판을 경작할 수 없기 때문이었다. 쟁기로 들판을 일구다 로마의 최고사령관으로 부름을 받은 킨키나투스Cincinnatus는 적군을 무찌르고 영토를 늘린 다음 당당히 로마로 입성했지만, 정확히 16일 후 다시 쟁기를 끌었다. 사실 소박한 오두막에 살며 매일같이 일해야만 양식을 구할 수 있는 자와 대저택에 거주하며 호화롭게 생활하는 이는 동등하게 평가되지 않는다. 그러나 이 두 가지 환경을 전부 경험한 자가 있다면 어느 쪽에서 생활할 때 더 만족스러웠는지 질문해 보자. 그러면 걱정과 근심은 오두막보다 대궐 같은 집에 기거할 때 비교할 수 없을 만큼 컸다는 대답이 돌아올 것이다. 저택에서는 불만이 모든 즐거움을 해쳤고, 과한 풍요는 고통의 또 다른 모습일 따름이었다고. 랭부르Limbourg 황야의 소작농이 메밀 파이를 먹어 치우는 것에 비하면 독일의 귀족들은 요리사가 마련해 준 맛있는 독을 제대로 소화시키지 못한다. 이러한 점에서 나와 견해를 달리하는 이가 있다면 어느 프랑스 시골 아가씨가 젊은 귀족에게 한 답변에서 대단한 진리를 발견하게 될 것이다. 그가 그녀에게 소박한 시골 취향을 버리고 자신과 함께 파리로 가자고 요청하자 그녀는 이렇게 대답했다. "아! 그대여, 자신의 모습을 잃을

고독에 관하여

수록 행복과는 더 멀어지는 법이랍니다."

은퇴 후 맞이하는
고독의 이점

고독은 마음에 자리한 이기적 욕구를 누그러뜨리고 가슴을 장악한 야망을 내보내기 때문에 낙담한 정치인이나 해고된 장관에겐 진정한 피난처가 된다. 특히 네카르Neckar처럼 불후의 명성을 얻어 명예롭게 퇴직할 수 있는 공직자가 아니라면 더욱 그러할 것이다. 사실 괴로운 공직에서 벗어나 들판을 경작하고 가축을 돌보며 조용히 쉬게 된다면 누구나 예외 없이 하늘에 감사해야 마땅하다. 그러나 프랑스의 경우 군주를 언짢게 한 각료에게는 '은퇴' 명령이 떨어진다. 따라서 그는 우아한 최신식 전원풍으로 꾸민 사유지로 돌아가 호사스러운 은둔을 즐기는 것이다! 하지만 그건 추방지로 간주되기에 그로선 견디기 힘든 조치인 셈이다. 그는 더 이상 자신을 그곳의 주인이라 여기지 않으며 그 매혹적인 미를 즐기지 못한다. 잘 때조차 휴식을 취하지 못하니 모든 대상을 혐오하다 화와 심술, 실의에 사로잡힌 희생양으로서 마침내 죽음을 맞이한다.

반면 영국의 경우 상황은 정반대다. 영국의 장관은 퇴임 시 각종 병폐로부터 흐뭇하게 벗어남을 축하받는다. 또 그는 현직에 머물러 있는 지지자들보다 훨씬 더 훌륭한 벗들에게 둘러싸여 지낸다. 현직에 있는 이들은 일시적 이해관계로 엮인 사람들이었지만, 퇴직 후 어울린 벗들은 서로에 대한 진실하고도 영속적인 존중을 바탕으로 맺은 관계인 까닭이다. 관대한 영국인들에게 감사를 표하나니! 매사에 이성의 잣대를 적용하고 본질적이며 실제적인 가치를 지침으로 삼는 대담하고 자주적인 인물의 예시를 제공해 주었으니 말이다. 또 많은 영국인이 신의 섭리에 대해 따지고 들지 않았음에, 더불어 미덕과 예의 범절을 빈번히 모욕한 우롱과 비웃음에 아랑곳하지 않았음에 감사하는 바다. 그들 중 여럿은 노년기에 접어들어서도 홀로 살아가는 기술을 완벽히 터득한 터다. 그들은 한창 위세를 떨치는 거만한 귀족들과 달리 고요하고 유쾌한 집에 머물며 좀 더 큰 자존감을 지닌 채 사고하며 진

고독에 관하여

정한 행복을 느끼며 살아간다.

사랑과
고독

"컵에 떨어진 코디얼 방울은
삶의 쓰디쓴 짐을 덜어주네"

사랑! 하늘이 내린 가장 귀한 선물인 사랑은 고독이 선사하는 수많은 이점 중에서도 단연코 높은 순위를 차지할 만하다.

사랑은 아름다운 자연의 면모와 저절로 결합되기도 한다. 기분 좋은 풍경을 보고 있노라면 그 무엇보다 감미로운 감정이 차올라 가슴이 뛴다. 고독한 산세와 고요한 수풀은 여성적 감정을 증대시키고 황홀한 열정을 불러일으켜 어느새 우리의 마음을 끌어들여 장악한다.

여성은 남성에 비해 전원생활이 선사하는 순수하고 평온한 기쁨을 더욱 민감하게 느끼곤 한다. 그들은 혼자

하는 산책의 미학과 그늘진 숲이 자아내는 청명함을 보다 절묘하게 즐기며 자연의 매력에 훨씬 더 감탄한다. 그들에게 있어 고독이란 진정한 철학의 장인 것이다. 나라 자체가 너무도 아름다운 데다 그 아름다움을 더욱 증대시키는 국민적 취향까지 한몫하는 영국의 경우만 하더라도 여성이 남성보다 전원의 고독을 훨씬 더 애호하는 편이다. 말을 타고 사유지를 둘러보거나 사냥개를 몰고 다니며 하루를 보내는 귀족이라면 낭만적이고 기분 좋은 집 안에서 수를 놓거나 유익하고 재미있는 글을 읽으며 시간을 보내는 그의 아내만큼 전원생활의 즐거움을 누리진 못하는 셈이다. 대부분의 사람이 정신적 즐거움을 추구하는 이 행복한 나라에서도 전원의 은둔 생활이 선사하는 평온함은 몇 배나 더 가치 있고 그 기쁨 또한 더욱 강렬하다 하겠다. 최근 몇 년간 독일의 젊은 여성들 사이에서 눈에 띄게 번지고 있는 전원생활을 익혀 나가는 분위기만 해도 은둔에 대한 그들의 선호도를 보여준다. 시골에서 지내길 즐기는 이들은 도시에서만 생활하는 여성들에 비해 그 재기와 이성적 정서가 훨씬 더 뛰어나다는 점 역시 익히 밝혀진 바다.

도회적 분위기에선 무감각하기만 했던 마음은 전원에서 황홀하게 그 나래를 펼친다. 이러한 까닭에 봄이 오면 우리의 가슴이 사랑으로 가득 채워지는 것이다. 어느 저명한 독일의 철학자는 이렇게 말한다. "석양으로 물든 이 장대한 계곡 앞에 한껏 영혼이 고양되는 느낌만큼 사랑을 닮은 것이 또 있겠는가!" 루소는 처음 솟아오르는 봄의 자태를 마주한 후 이루 말할 수 없는 기쁨을 느꼈다고 한다. 그 아름다운 계절에 피어나는 꽃들은 그의 정신에 새 생명과 활력을 불어넣었다. 또 봄이 선보인 은은한 신록은 그의 마음속에 자리한 가장 유연한 성향을 깨워 한껏 증대시켰다. 더불어 사방에서 그를 에워싼 계절의 아름다움은 안주인의 매력까지 동화시키기에 이른다. 광활하고 기분 좋은 전망은 그의 슬픔마저 누그러뜨렸고, 그는 정원에 만발한 꽃들과 과수원에서 익어가는 과일들에 둘러싸인 채 크나큰 기쁨의 한숨을 내뱉었다.

연인들은 끊임없이 전원의 숲을 찾아 사랑의 감정을 누리고자 한다. 그들은 은둔이 선사하는 고요함에 둘러싸여 누구의 방해도 받지 않고 사랑하는 대상을 응시한다. 그들 인생의 유일한 행복인 대상을 말이다. 그 모든 세상사와 혹은 다른 어떤 것이라도 그들의 가슴에 차오르는 열정을 채우지 못한다면 무슨 의미가 있겠는가? 고요한 수풀과 나무들로 에워싸여 그늘진 공터, 혹은 조용한 개울가처럼 사랑하는 이와 자유롭게 함께할 수 있는 장소야말로 그들 영혼의 유일한 벗이다. 아기에게 젖을 먹이며 자기 몫의 딱딱한 흑빵을 떼어 건네주는 남편을 옆에 둔 양치는 여인이야말로 도시의 멋쟁이 신사들보다 백배는 더 행복하다 하겠다. 모름지기 사랑은 고상하고 유쾌하며 감동적인 자연의 풍광과 더불어 우리의 정신을 최고조로 고양시키며, 드높은 감성과 최고의 황홀함으로 차갑게 식은 가슴을 따뜻하게 데운다.

사랑의 감미로운 이미지는 고독 안에서 새로이 모습을 드러낸다. 고독한 가운데서는 의식적으로 표현한 다정함 앞에 처음 붉어진 뺨과 처음으로 부드럽게 손을 누르던 느낌, 행여 방해받을까 두려웠던 마음에 대한 기억이 그 즉시 오롯이 되살아나지 않던가! 흔히 시간은 타오르던 사랑의 불꽃을 꺼버린다고 한다. 그러나 고독은 그 불길을 되살림은 물론 오래도록 봉인되어 적절한 순간에 힘을 발휘하기만 기다려 온 사랑의 불씨를 이끌어낸다. 젊음의 감정 역시 죄다 되살아나 빛을 발하니 우리의 정신은 달콤한 회상에 빠지노라! 처음 느낀 사랑의 감정을 되짚어가다 보면 어느새 우리의 가슴은 잊을 수 없는 황홀함으로 채워진다. 두 사람은 서로에 대한 애정을 확인한 행운의 순간을 포착했음을 진심을 담아 처음으로 선언한 것이다. 헤르더Herder(독일의 사상가이자 신학자, 문예 비평가_옮긴이)는 신화를 통해 영원의 행복을 단계별로 구분하는 아시아의 특정 집단을 언급한 바 있다. "그자는 사후 천상계로 배정되어 천 년간 여성의 사랑을 받았다. 처음엔 부드러운 눈길이, 그다음엔 따뜻한 입맞춤이, 그리고 나선 둘의 결합이 이루어졌다."

그건 빌란트Wieland(독일의 시인이자 소설가_옮긴이)가 가슴이 가장 뜨거웠던 열정적인 젊은 시절 취리히 출신의 어느 상냥하고 분별 있으며 아름다운 여인을 향해 느꼈던 고결하고 숭고한 애정과 같다 하겠다. 이 뛰어난 천재는 완벽히 만족스러웠으므로 사랑의 형이상학적 효과가 드러나기 시작했다. 그러니까 맨 처음 내뱉는 한숨으로 시작된 그것은 한숨이 사라지고 나면 어느 정도 선에서 첫 번째 입맞춤이 이루어지는 것이다. 한번은 이 젊은 여인에게 빌란트가 언제 처음으로 그녀에게 관심을 표시했었는지 물어본 적이 있다. 이 상냥한 여인은 이렇게 대답했다. "빌란트는 우리가 알고 지낸 지 4년이 지나고 나서야 제 손등에 첫 키스를 했답니다."

그러나 일반적으로 젊은이들은 빌란트와 달리 사랑의 단계를 신비주의적으로 나누어 적용하지 않는다. 열정이 불러일으키는 감정에 따르며 사랑의 형이상학적 면모에 익숙하지 않은 그들은 고독의 평온함 가운데 있더라도 비교적 어린 나이에 다른 성과 결합하고자 하는 불가항력의 충동을 느낀다. 자연의 신이 인간의 가슴에 그토록 강렬히 심어둔 충동을 말이다.

은퇴 후 제네바 호숫가에 자리한 아름다운 오두막에 살고 있던 한 여인은 순수하고 아름다운 딸 셋을 두었다. 큰딸이 열네 살, 가장 어린 딸이 아홉 살가량 되었다. 어느 날 그들은 잘 길들인 새 한 마리를 얻었고, 새는 종일 집 안을 돌아다니며 식구들에게 즐거움을 선사했다. 세 딸은 무릎을 꿇고 앉아 사랑스러운 새에게 비스킷 조각을 건네며 새를 유인해 자신들의 품에 앉히려 애썼다. 그러나 새는 비스킷을 물자마자 그들의 바람과 달리 멀어져가 버렸다. 시간이 지나 작은 새는 죽고 말았다. 이런 일이 있고서 1년이 지났을 무렵 세 자매 중 막내가 어머니에게 이렇게 말했다. "아, 아직도 그 작고 사랑스러운 새를 기억해요! 제가 갖고 놀 만한 녀석으로 한 마리 더 구해 주셨으면 해요, 어머니." 그러자 그녀의 언니가 이렇게 외쳤다. "오 이런! 안 될 말이야. 데리고 놀 거라면 강아지면 된다고. 난 강아지를 안아 들어 무릎에 앉히고 껴안아 줄 테야. 새는 아무런 즐거움도 주지 않아. 손가락에 잠깐 내려앉았다가 날아가 버리면 다시 잡히지도 않잖아. 하지만 강아진 말이야, 아! 얼마나 재미있는지……."

사랑과
부재

사랑이라는 유쾌한 열정에 빠져드는 데 있어 부재와 그에 따른 평온함은 꽤나 유리하게 작용하므로 연인들은 종종 사랑하는 대상을 떠나 홀로 상대의 매력을 반추하곤 한다. 루소의《고백록》중 뤽상부르 부인Madame de Luxemborg에 관한 이야기를 떠올리지 못할 이가 있을까. 이야기에 등장하는 한 남자는 자신의 정부 곁을 떠나 그녀에게 편지 쓰길 즐겼다고 한다. 루소는 뤽상부르 부인에게 말하길 자신이 이야기 속 그 남자이길 바란다고 했고, 그런 그의 바람은 열정에 대한 철저한 지식을 토대로 일어난 것이었다. 사실 사랑에 빠져 본 사람이라면 모를리 없을 것이다. 끔찍한 오르간 소리와 같은 말을 늘어놓는 것보다 펜을 들어 섬세한 감정을 표현하는 편이 훨씬 큰 효과를 낼 때가 있다는 걸 말이다. 제아무리 유려한 화술을 뽐내는 혀일지라도 호소력 짙은 눈동자만큼 설득력을 발휘할 순 없는 법이다. 연인들이 서로의 매력에 취해 황홀하다는 듯 잠자코 상대를 응시할 때처럼 말이다.

무릇 연인들은 그 어떤 다른 상황에 처했을 때보다 고독 안에서 더 큰 황홀감과 행복을 누리며 자신들의 열정을 느끼는 법이다. 그 어떤 멋들어진 연인이 하노버의 어느 마을 성가대원이 그러했던 것처럼 사랑하는 정부를 향한 자신의 열정을 그토록 간결한 애정과 느낌을 살려 그려낼 수 있을까. 그는 자신이 사랑하는 어느 젊고 아름다운 시골 처녀가 숨을 거두자 대성당 묘지에 장례식을 연상케 하는 비석을 세워 그녀를 기렸다. 더불어 비석의 전면에 활짝 핀 장미꽃을 새기고 그 아래쪽엔 다음과 같은 말을 남겼다. "그대 자태는 이와 같았나니."

보클뤼즈의 유명한 은둔처 위쪽으로 돌출되어 있는 바위들 아래에서 페트라르카는 사랑하는 로라의 부재를 개탄하거나 그녀의 잔인함에 대해 불평하는 아름다운 소네트를 써 내려갔다. 이탈리아인들의 견해에 따르면 사랑이 그의 뮤즈를 고무시키는 순간, 그는 그리스어와 라틴어, 혹은 토스카나어를 이용해 당대 그 어떤 시인이 쓴 시보다 우월한 시를 써 냈다고 한다. 따라서 그들은 이렇게 감탄해 마지않았다. "아! 마음의 언어란 얼마나 부드럽고 감미롭던가! 오직 페트라르카만이 그 언어의 힘을 알지니. 그는 세 가지 은총에 네 번째를 더했나니, 그건 바로 섬세함이라는 은총이었다."

전원의 고독이나 오래된 성이 자아내는 낭만적 풍경 속에서 사랑에 빠졌을 때, 더불어 거기에 성급한 젊음의 열정적 상상력이 더해졌을 때, 사랑은 보다 대담하고 격렬한 성격을 띤다. 종교적 열정이 무뚝뚝한 기질과 어우러지면 열정적 정신 안에선 숭고하고 비범한 감정의 조합이 탄생한다. 이 글에 등장한 젊은 연인은 정부의 미소를 보지 못하게 되었을 때 묵시록에서 첫사랑의 맹세를 따와 자신의 열정이 영영 우울할 거라 여긴다. 하지만 그가 가슴속 사랑의 화살을 날카롭게 다듬고자 할 때, 한껏 고양된 그의 정신은 사랑하는 대상에게서 멋들어진 완벽함의 전형을 보게 된다.

오래된 고성孤城과 같은 낭만적 장소에서 시간을 보내는 연인들은 생각이 정제됨에 따라 열정 역시 더불어 숭고해진다. 거대한 바위들에 둘러싸인 채 지독하리만치 고요한 정적에 감명받은 사랑에 빠진 젊은이는 단지 쾌활하고 고결한 사내가 아닌 하나의 신적 존재와 같다. 사랑에 빠진 여인의 고양된 정신은 그녀의 가슴이 사랑의 피난처가 되길 바라며 마음속 젊은 우상에 대한 자신의 애정이 하늘에서 내린 것, 즉 신성한 존재가 발하는 한 줄기 빛이라 여긴다. 보통의 연인들이라면 분명 서로의 부재를 겪지 않음에도 한마음으로 편지를 쓰며 수시로 이야기를 나누고 들을 것이다. 그러나 누구보다 지고하고 기쁨에 겨운 여인은 가슴이 뛸 때마다, 숲에서 새들의 지저귐이 들려올 때마다 낭만적 열정을 불태운다. 그러다 마침내 그녀가 바라보는 사랑의 대상이 아닌 다른 모든 것들에 대해서는 더 이상 진정한 본래의 모습으로 보지 못하게 된다. 이성과 감각이 더는 그녀를 이끌지 않으며, 숙련된 사랑만이 그녀의 움직임을 주관하는 것이다. 그녀는 세상을 극極으로부터 떼어내고 태양을 축軸에서 분리시킨다. 그러고는 그 행위의 정당성을 입증하려 자신과 연인을 위한 신조와 도덕적 체계를 새로이 정립한다.

어느 연인은 자신의 행복을 위해 지대한 희생을 한 정부와 영영 헤어지고 말았다. 그녀는 고통받는 그의 유일한 위안이자 불행할 때 찾게 되는 단 하나의 위로였다. 그녀의 다정함은 꺼져만 가는 그의 용기를 북돋워 주었고, 지독한 역경과 내적 슬픔에 시달리는 그의 곁을 지킨 단 하나의 충실한 벗이었다. 이제 그는 그가 지닌 유일한 자원인 나태한 고독을 찾는다. 괴로움에 시달리며 잠 못 이룬 많은 밤이 지났다. 삶에 대한 혐오와 죽음의 욕구, 사회 전반을 향한 혐오, 따분한 은둔에 대한 갈망에 사로잡힌 그는 매일같이 방황을 거듭한다. 증오해 마지않는 세속의 자취로부터 멀찍이 떨어져 가장 고독한 은둔에 잠긴 순간에도 말이다. 그는 과연 엘베강에서 제네바호에 이르는 거리를 헤매고 다닐 것인가. 얼어붙은 북쪽이나 타오르는 서부에서 안도할 것인가. 그러나 비록 땅과 바다의 끝에 이를지라도 그는 여전히 베르길리우스가 묘사한 암사슴과 같을 것이다.

"느닷없이 날아든 일격에 놀랄 새도 없이
타들어 가는 고통을 느끼며
이 숲 저 숲을 헛되이 내달리네.
수많은 화살이 크레타섬의 들판에 빗발치니
단단히 박힌 화살은 상처를 파고드네."

보클뤼즈로 복귀한 페트라르카는 새로이 커져 가는 쓰라림과 더불어 가슴을 뒤흔드는 열정을 느꼈다. 그가 이 외딴 은신처에 당도함과 동시에 사랑하는 로라의 모습이 줄곧 뇌리에서 떠나지 않았던 것이다. 그는 언제 어

고독에 관하여

디서든 수천 가지 다른 모습으로 출현하는 그녀를 보아야 했다. 그는 다음과 같이 말한다.

"한밤중에 문이 다 닫혀 있을 때 세 번 정도 그녀가 나타났다. 한결같은 표정으로 내 침대 발치에 선 그녀는 자신의 매력이 발하는 힘에 자신이 있는 듯했다. 나는 너무 두려운 나머지 사지에 서늘한 땀이 맺힐 정도였다. 내 피가 혈관을 따라 심장까지 몰아치는 게 느껴졌다. 만일 그 순간 누군가 촛불을 들고 내 방에 들어섰다면 공포에 질린 나머지 송장처럼 창백해진 나를 보았을 것이다. 날이 밝기 전에 팔다리를 떨며 흐트러진 침대에서 일어난 나는 모든 것이 불안하게만 보이는 집을 황급히 나섰다. 나는 바위산의 정상에 올라 정신없이 숲을 내달리며 끊임없이 좌우를 살폈다. 느닷없이 침실에 나타난 그녀의 형상이 여전히 나를 쫓고 있는지 확인할 요량으로 말이다. 아! 당시 내게 피난처는 없었다. 나는 혼자여야 마땅하다고 어리석게 우쭐대던 가장 한적한 장소들에서마저 끊임없이 그녀가 떠올랐다. 가끔은 속이 빈 나무와 숨겨 두었던 샘, 혹은 부서진 바위에 난 컴컴한 구멍에서 그녀가 출현할 때도 있었다. 두려움에 휩싸여 정신이 없었던 나는 내가 뭘 했는지, 어디에 다녀왔는지조차 알지 못했다."

　보클뤼즈의 바위산에 둘러싸여 사랑과 로라로부터 달아날 도피처를 모색할 때조차 페트라르카의 마음은 종종 관능적 쾌락에 관한 생각으로 자극을 받았다. 그러나 그는 머지않아 자신의 마음에서 관능성을 몰아내고 열정을 가다듬어 활발함과 더불어 천상의 순수함을 얻어냈고, 그러한 순수함은 그가 바위산에 둘러싸여 써낸 불멸의 서정시들의 시구마다 살아 숨쉰다. 하지만 감미로운 사랑의 대상이 기거한 아비뇽은 그의 은둔 장소와 충분한 거리를 두고 떨어져 있지 않았고, 때문에 그는 그곳을 너무 빈번히 오갔다. 페트라르카가 느낀 것처럼 실제로 열정에 휩싸인 가슴은 설령 타락하지 않았다 해도 평온함을 완전히 잃고 만다. 그건 다름 아닌 영혼이 앓게 되는 극심한 열병으로 신체에도 고통스러운 합병증을 초래한다. 그러므로 연인들은 그들의 가슴을 메운 열정에 대한 통제권을 쥐고 있을 때 강가에 앉아 그 사랑을 반추해 볼 일이다. 때로는 몰아치는 격렬함으로 바위 아래로 가라앉았다가 또 때로는 부드럽고 평온하게 평원을 따라 흐르며 목초지를 따라 굽이치다 평화로운 고독의 나무 그늘 아래로 숨어드는 그 사랑을 말이다.

하늘의 섭리를 겸허히 받아들이고자 하는 마음의 소
유자에겐 고독의 평온함이 사랑의 혼동 앞에서도 불리
하게 작용하지 않는다. 사랑하는 대상을 여읜 연인은 자
신이 가장 좋아했던 이가 머물렀던 장소만 찾는다. 그에
게 다른 모든 건 사막과 같이 황량하기만 하며, 오로지 죽
음만이 쏟아지는 자신의 눈물을 멈출 수 있을 거라 여긴
다. 하지만 그처럼 슬픔에 과하게 몰입하는 건 신의 뜻을
받아들이는 것이라 할 수 없다. 이 이야기 속 연인은 그의
슬픔을 증폭시키는, 되살릴 수 없는 대상에게만 집착한
다. 또 잔뜩 산만해진 그는 여전히 그녀가 돌아오길 바라
며 헛된 희망을 품는다. 산들바람이 불어올 때면 마치 그
녀의 부드럽고 매혹적인 음성이 들려오는 것만 같다. 아
름다운 그녀가 다가온다고 여긴 그는 기다렸다는 듯 양
팔을 활짝 벌려 두근대는 자신의 가슴에 그녀를 그러안
으려 한다. 그러나 어찌하랴! 그는 곧 그의 희망이 헛되
었음을 깨닫는다. 공상이 빚어낸 그녀의 형태가 그의 손
아귀에서 빠져나가면서 그를 기쁘게 한 환영은 빛과 사

랑, 그리고 슬픔으로 병든 그의 정신이 자아낸 환상이었음을 확인시킨다. 이제 떠나간 그녀의 영혼에 대한 슬픈 추억만이 겨우겨우 이어가는 그의 삶이 누리는 유일한 위안이다. 그는 그녀의 육신이 잠들어 있는 무덤으로 달려가 그 주변에 장미를 심고 눈물로 물을 주며 세심한 주의를 기울여 그것을 돌본다. 그러고는 그 장미가 마치 붉게 물든 그녀의 뺨인 양 입맞춤하고 한숨 섞인 탄식을 내뱉으며 그 온화한 향기를 음미한다. 그것이 그가 사랑해 마지않던 그녀의 루비색 입술에서 난 향기인 것처럼 말이다.

사랑하는 사람과
고독을 함께한다면

뛰어난 양식을 지닌 어느 작가는 이렇게 말했다. "그 가슴이 동정심을 발해 주변인들에게 애정을 쏟으며 우리와 같이 사고하는 자는 고독의 이점을 해하는 대신, 더욱 돋보이게 한다. 만일 아내의 애정 어린 시선에 행복의 기준을 둔다면 그녀의 정서와 모든 감정이 녹아 있는 감미롭고 거리낌 없는 대화와 그녀의 상냥함에 이끌려 세속의 사회는 잊게 될 것이다. 그러고 나면 우리가 수행하는 일과 삶의 온갖 우여곡절만큼이나 행복도 유쾌하게 다각화될 것이다."

화술이 매우 뛰어난 연설가라면 그가 말한 즐거움을 강렬히 느꼈을 법하다. "다정한 표현은 모두의 기억에 남는 법이다. 한 사람이 가슴으로 느낀 감정은 다른 이의 그것에 부합한다. 모든 생각은 소중하며 애정 어린 증언은 모두 되돌아오게 마련이다. 행복에 겨운 한 쌍의 연인은 상대와 함께 모든 정신적 즐거움을 누린다. 소통하지 않는 지극한 행복이란 없다. 그러므로 진실한 애정과 친밀한 우정으로 결합한 존재들에겐 모든 말이나 행동, 소망, 각각의 사건이 서로에게 공통으로 중요하다. 그 어떤 시기와 질투도 그들의 행복을 방해하지 않는 것이다. 잘못이 있다면 신중한 다정함과 온화함으로 그것을 지적한다. 서로를 향하는 표정엔 마음이 뜻하는 바가 담겨 있다. 두 사람은 상대의 모든 소망과 욕구를 예상하며, 서로의 관점과 의도까지 전부 이해한다. 둘은 서로의 감상을 함께하고, 상대에게 주어진 작은 이점에도 진심으로 기뻐한다."

따라서 사랑스러운 대상과 고독을 함께하면 평온함과 만족감, 진심 어린 기쁨을 함께 경험하게 되므로 소박한 오두막일지라도 순수한 즐거움으로 가득한 삶의 터전이 된다.

은둔의 그늘 아래 서로의 마음과 정신이 조화를 이루는 가운데 사랑은 가장 고결한 감정을 불러일으킨다. 사랑은 또 최고의 지적 영역에 대한 이해를 높이며 한껏 증대된 자비심으로 가슴을 가득 메운다. 모든 악의 씨앗을 없애고, 모든 미덕을 개선해 확대시킨다. 이와 같은 긍정적 영향력은 언짢은 기분이 덮쳐오지 못하도록 저지한다. 격렬한 열정은 누그러지고 씁쓸하기만 했던 인간의 고통도 경감된다. 세상의 온갖 상처가 완화되며 생의 가시밭길엔 더없이 향기로운 꽃들이 무수히 흩날린다. 불행의 고통에 시달리는 모든 이들은 그 문제가 육체적이든 정신적이든 관계없이 사랑이라는 원천을 통해 엄청난 위로와 위안을 얻는다. 아! 모든 것이 불만스럽고 그 모든 대상이 역겹기만 할 때, 고통으로 인해 내 영혼의 모든 에너지와 힘이 소멸되어 버렸을 때, 크나큰 슬픔으로 인해 눈물 어린 내 두 눈이 자연의 아름다움을 보지 못하게 되었을 때, 그리하여 우주 전체가 음울한 무덤처럼 변해 버렸을 때, 그 순간 아내의 다정한 눈길은 비밀스러운 매력과 고요한 위안을 내 마음에 실어다 나른다. 아! 그 여인이 나의 운명에 무관심하지 않다는 확신이야말로 다른 그무엇보다 은둔의 나무 그늘을 그토록 고요하고 안락하게하며, 모든 근심을 감미롭게 누그러뜨릴 수 있는 것이다.

사실 고독은 이 오만한 열정이 마음에 가할 수 있는 그모든 상처를 완벽히 치유할 순 없을 것이다. 다만 고독은 구원을 바라지 않고 고통을 참아내도록 우리를 가르치며, 또한 그 고통을 온화하고 애절한 슬픔으로 전환시킬 수 있도록 한다.

남녀 모두 아주 젊은 시절엔 그렇겠지만, 특히 높은 감수성과 활발한 상상력을 지닌 열다섯에서 열여덟의 여성이라면 대개 가슴에 첫사랑의 기운이 내려앉는 이때에 전원의 고독한 은둔 생활을 통해 감미롭고도 유쾌한 우울을 느낀다. 그들은 마음이 애정을 쏟아부을 대상에 고정되기 전까지, 혹은 잠재된 성향을 의식하기 전까지 사랑할 대상을 찾아 이곳저곳을 배회하며 홀로 한숨짓곤 한다. 나역시 건강상 문제의 징후가 수반되지 않는 상황에서 이러한 성향이 발현되는 경우를 빈번히 목격해 왔고, 그런 상태야말로 고질병이라 하겠다. 루소는 일찍이 제네바 호숫가에 자리한 브베Vevey에서 그와 같은 현상을 겪은 바 있다. 그는 이렇게 말한다. "내 마음은 수천 개의 순수한 행복을 열렬히 좇는다. 그러다 감미로운 감정에 사로잡히는 순간 나는 한숨을 토해내며 어린아이처럼 흐느낀다. 그간 나는 얼마나 자주 내 감정을 탐닉하려 멈추고는 부서진 바위에 앉아 냇물로 떨어지는 눈물을 관망했던가!"

그러나 은둔이 모든 종류의 고통에 똑같이 긍정적으로 작용하는 건 아니다. 어떤 이들은 불행한 감정을 유독 생생히 느끼는 까닭에 사랑한 대상에 대한 기억을 지울수 없어 괴로워한다. 가령 그들은 과거 연인의 손편지를 한 줄만 읽더라도 온몸의 피가 얼어붙고 만다. 또 그들에겐 영혼이 아끼던 모든 것의 유해를 삼켜 버린 무덤은 보는 것만으로도 참을 수 없을 지경이다. 하늘이 보내는 미소마저 헛될 따름이다. 갓 피어난 꽃과 숲속 새들의 지저귐, 봄이 옴을 알리는 갖가지 현상과 식물적 자연의 재생도 그들에겐 매력으로 다가서지 못한다. 정원의 다채로운 색채 역시 그들의 기분을 거스르고 만다. 게다가 한때 위안을 구하고자 했던 고요한 은둔 안에서도 그들의 고통은 커져만 간다. 정제되고 절묘한 감정이나 뜨겁고 관대한 열정의 산물도 죄다 불운으로 다가온다. 그들이 초래한 문제는 최대한 온화한 관심과 부드러운 보살핌으로 돌봐야만 한다.

하나 정신적 기질이 좀 더 온건한 이들의 경우 그들이 개탄해 마지않는 상실의 정도가 똑같이 크더라도 고독은 수많은 강인한 매력을 선보인다. 그러한 성향의 사람들은 실제로 자신의 불운을 최대한 감지하지만, 타고난 기질적 온화함을 바탕으로 그 아픔을 완화한다. 그들은 죽은 이의 무덤에 버드나무 가지와 장미를 둠으로써 영혼을 기린다. 또 만가挽歌를 짓고 죽음을 상징하는 바로 그 노래를 통해 위안을 얻는다. 물론 그들의 마음은 그들이 개탄의 눈길로 좇는 그 대상을 줄곧 떠올리며 가장 진실한 슬픔의 감정 아래 자리한다. 이 지상과 천국 사이 중간 지점 어딘가에 말이다. 이러한 종류의 슬픔은 가장 행복한 슬픔이라 하겠다. 그렇다고 해서 그 슬픔의 영향이 아주 작았다고 할 순 없다. 그러나 나는 그러한 성향을 지닌 자들을 행복한 애도가들이라 하겠다. 이는 그들의 기질적 틀과 결로 인해 크나큰 슬픔도 그 정신적 에너지를 파괴하지 못하며, 대신 그들로 하여금 마음을 달리 먹고 슬퍼해 마지않는 대상에서도 위안을 찾을 수 있도록 하는 까닭이다. 그들은 슬픔의 대상이 된 이에 대한 기억을 지킴으로써 더없는 기쁨을 느낀다.

고독이라는
피난처

고독은 우리의 마음으로 하여금 가장 고통스러운 역경도 이겨낼 수 있게 한다. 우리의 정신이 선뜻 따라주고 다른 대상으로 주의를 돌릴 수 있다면 말이다. 만일 누군가 절망이나 죽음 외에 다른 돌파구가 없는 불운에 처했다고 여긴다면 그는 자신을 속이는 셈이다. 왜냐하면 절망은 해결책이 될 수 없기 때문이다. 그런 생각을 품은 사람이라도 서재로 들어가 중대하고 확고한 사실을 하나하나 진지하게 짚어 나가다 보면 어느새 눈물이 말라 있을 것이다. 또 그들이 느낀 불운의 무게 역시 점차 가벼워지며 가슴을 짓누르던 슬픔도 멀리 날아가 버릴 것이다.

가슴이 느끼는 즐거움을 북돋우고 가정에서 느끼는 행복을 증진시키며 전원 풍경을 선호하도록 취향을 빚어냄으로써 고독은 언짢은 기분을 사라지게 한다. 조급함은 억눌렸던 화의 또 다른 형태로 대개 표정과 태도를 통해 은연중에 드러난다. 나약한 정신의 소유자라면 보통 불평을 쏟아냄으로써 조급함을 표현하게 된다. 또 불평을 일삼는 사람은 누군가와 함께 있을 때 자신의 적절한 영역에서 가장 멀어지는 셈이므로 고독이야말로 유일한 피난처라 할 수 있다. 언짢음은 불편하고 참을 수 없는 상태로, 인생을 살아내며 매일같이 겪게 되는 수많은 사소한 고통에 지친 우리의 영혼도 이때 추락하고 만다. 만일 부당하고 불쾌한 언짢은 감정이 침입하려 한다면 그저 문을 닫아걸고 행복을 저해하는 이 같은 재앙을 피하는 수밖에 없을 것이다.

실제로 온갖 종류의 고통은 시끌벅적한 바깥세상에서보다 고요한 은둔처에서 훨씬 더 빨리 누그러진다. 낙관적 성향과 차분한 기질, 그리고 잘 조절된 열정은 온갖 세속적 고통이 우리의 행복을 저해하지 못하도록 한다. 더불어 이러한 성과를 통해 가장 뿌리 깊은 우울감과 떼어내기 힘들었던 불안도 우리 마음에서 사라진다. 그리고 이 같은 일련의 과정은 남성보다 여성의 경우 훨씬 더 빠르게 진행된다. 생동감 넘치는 여성의 정신이 곧장 행복으로 이동하는 데 반해 우울함에 빠진 남성의 그것은 여전히 고통 속을 더듬는다. 사실 여성의 유연한 마음은 쉽게 고양되거나 우울해지게 마련이다. 알고 보면 이러한 결과는 고독보다 덜 추상적인 것, 그러니까 감정을 자극하고 마음을 꿰뚫는 그 무언가를 통해 도출된다. 한편 남성의 경우 병폐를 악화시키고 그것을 마음에 더욱 확고히 품으며 원인과 결과를 거듭 곱씹는다.

강인한 정신의 소유자는 또한 동요되지 않고 가장 효

과적인 방안을 적용하여 상처를 치료하고자 한다. 그런 경우 빈약한 처방 따위는 아무 필요가 없다. 성공을 위한 유일한 방안은 모든 노력을 기울여 육체를 정신의 규제 아래 두는 것뿐이다. 활발한 정신은 종종 가장 뿌리 깊은 악을 쫓아내거나 운명의 화살을 막아낼 강력한 보호막을 형성한다. 또 모든 위험에 용감히 맞서 주변인들을 자극하고 무너뜨리는 감정들을 몰아낸다. 그들은 대상의 현재를 향하던 시선을 대담히 거두어 그 대상이 마땅히 취해야 할 방향으로 시선을 돌린다. 그러고는 단호한 결단력으로 신체가 활력을 되찾도록 지원하는 것이다. 반면 나약한 정신의 소유자들은 자신들이 돌보아야 할 모든 것들을 그저 포기하고 만다.

영혼은 늘 지배적 열정에 가장 부합하는 대상을 쫓기 마련이다. 세속적 가치를 추구하는 자들은 대개 도박이나 연회, 방탕하게 즐기는 데서 기쁨을 느낀다. 반면 고독을 선호하는 이는 고독에 수반되는 이점을 자각하고 있기에 그 평화로운 고독의 그늘이 선사하는 즐거움만큼의 기쁨은 어디에서도 찾지 못한다.

이제 이쯤에서 고독이 마음에 선사하는 이점에 대한 고찰을 마무리 짓고자 한다. 부디 이 글이 감정을 다스리고 위안이 되는 진실을 구하는 데 있어 유용하게 활용되기를, 더불어 생각보다 가까이 있는 행복의 즐거움을 전파하는 데 도움이 되기를 바라는 바다.

III │ 은둔의 일반적 이점

너무 빨리 차오르는 감정과 지나치게 열정적인 상상력을 지닌 탓에 조용히 살아갈 수 없는 사람들, 인간과 사물 모두를 대상으로 끊임없이 비난을 퍼붓는 이들은 더욱 고독을 필요로 한다.

SOLITUDE

은둔의 그 평온함이 드러날 때 인간은 새삼 은둔에 대한 애착을 느끼게 된다. 외딴 수도원에서 들려오는 처량하고 단조로운 시계 소리와 한밤중에 느끼는 자연의 침묵, 높은 산꼭대기를 감싼 깨끗한 공기, 오래된 숲이 자아낸 짙은 어둠, 폐허로 전락한 사원의 모습은 영혼에 우수를 불러일으키는 동시에 세속적 세계와 그에 수반되는 온갖 근심에 대한 기억을 사라지게 만든다.

　자신의 마음과 친근하게 소통할 수 없는 자, 마음에 대한 고찰을 통해 위안을 얻지 못하는 자, 명상을 두려워하는 자, 그리고 단 한순간조차 홀로 지내는 걸 두려워하는 자라면 고독과 죽음을 대할 때도 그와 같은 두려움을 품게 마련이다. 그는 세상이 선사하는 모든 관능적 즐거움을 누리며, 치명적 쾌락의 잔에 든 마지막 한 방울까지 취하려 할 것이다. 그러다 신경이 산만하게 흩어지고 영혼의 힘이 죄다 파괴되는 끔찍한 순간이 도래하면 그때서야 용기를 내어 여태껏 미뤄왔던 고백을 내뱉는다. "이젠 정말이지 세상과 그 모든 나태한 어리석음에 진절머리가 나는군!"

가장 비참한
사람들

즐거움을 좇는 자가 취하는 그 수많은 삶의 방식은 그로 하여금 시간을 허비하게 하고 이성적 능력을 손상시키며 영혼이 지닌 본래의 에너지를 파괴하고 만다. 헤아릴 수 없이 많은 하찮고 불합리한 일에 지속적으로 관여하다 보면 그 자신도 어느새 경솔하고 부조리한 성향을 띠고 만다. 주변 모든 것들은 더 이상 참되고 진실한 면모

고독에 관하여

를 보이지 않으며, 타락한 그의 취향은 이성적 오락이나 본질적 즐거움을 누리지 못한다. 지성은 열병에 시달리고 나태한 공상과 헛된 상상력이 변질된 그의 가슴을 가득 메운다.

오락과 여흥을 열렬히 좇음에 따라 불가피하게 야기되는 결과는 바로 무기력과 불만이다. 마지막 남은 한 방울의 쾌락마저 취해 버린 자는 마침내 모든 희망이 사라지고 말았음을 시인한다. 모든 쾌락에 녹아든 실망과 혐오를 알아챈 자, 자신의 무신경함에 경악한 자, 주변에 빛을 더하고 장식할 황홀함과 상상력의 마법을 잃은 자는 관능과 무절제를 향해 헛되이 조력을 요청한다. 그러나 관능과 무절제의 애무는 음울하고 우수에 젖은 그의 마음을 더 이상 기쁘게 하지 못하며, 부드럽고 감미로운 사치의 노랫소리 역시 머릿속에 드리운 불만의 구름을 몰아낼 수 없다.

더 이상 누릴 수 없는 쾌락을 좇고 있는 저 나약한 늙은이를 보라. 그가 가장하는 흥겨운 분위기는 그를 우스꽝스럽게 만들 뿐이며, 돋보이려 애쓸수록 조롱만 살 따름이다. 젊은이와 같은 기지와 능변을 내비치려는 노력은 허사로 돌아가고 늙은이가 늘어놓는 하릴없는 수다만 남게 된다. 잦은 반복과 지루한 이야기로 채워진 그와의 대화는 혐오스럽기만 해서 그와 이야기를 나누는 젊은 상대는 연민의 미소를 지을 따름이다. 그러나 이전까지 그 늙은이의 생을 줄곧 지켜본 지혜로운 자가 있다면, 그의 눈엔 시끌벅적한 사치와 악의 굴레 속에서도 생기 있게 빛나는 노년의 모습이 한결같이 비칠지 모른다.

현자는 떠들썩한 즐거움의 한가운데 있더라도 종종 자신의 내면으로 물러나 앞으로의 계획과 현재 하고 있는 일을 잠자코 비교하며 살핀다. 쾌락에 지나치게 중독된 이들에게 둘러싸이거나 우연히 그러한 이들과 교류하게 될 때도 그는 오직 온화하고 아량 있는 영혼의 소유자들과 어울린다. 드높이 고양된 정신의 소유자들은 가장 도덕적인 성향과 숭고한 정서를 바탕으로 서로에게 이끌린다. 내면으로의 조용한 은둔은 가장 중요하고 유용한 진취성으로 거듭 이어진 바 있다. 인류 역사상 가장 유명한 행동과 조치들도 처음엔 음악의 선율에 영감을 받거나 다소 혼란한 댄스파티 중에 떠올랐다는 건 누구에게나 익숙한 사실이다. 분별 있고 고양된 정신의 소유자라

고독에 관하여

면 공공 휴양지와 같은 장소에서 자신의 내면과 가장 밀접하게 교류할 수 있다. 그곳에서도 천박하고 저속한 자들은 환상과 변덕에 사로잡힌 채 지난날을 돌이켜보지 못하고, 온갖 어리석음과 산만함에 둘러싸여 어찌할 바를 몰라 괴로워한다.

감각적 즐거움을 끊임없이 추구하는 건 세속적 쾌락을 좇는 자들이 자신을 잊기 위해 취하는 수단일 따름이다. 그들은 현재 주어진 시간을 그저 기분 좋게 보낼 수 있도록 흘러가는 그날그날을 위한 오락거리를 제공해 주는 대상을 부여잡으려 애쓴다. 그러한 성향을 지닌 이에겐 매시간 즐거움에 대한 계획을 새로이 세우고 매일같이 새롭고 신선한 오락거리를 발견해 나가는 사람이야말로 소중한 벗이 되어 줄 것이다. 이러한 벗은 그에게 최고이자 유일한 친구라 할 수 있겠다. 그렇다면 이처럼 나태한 사치를 즐기는 감각적 쾌락의 추종자들에겐 시간의 허비를 막고, 또 적절히 활용하여 자신에게 안도감을 선사할 그런 능력이 결여된 것일까? 물론 그렇진 않다. 하지만 쾌락을 좇으며 줄곧 여러 대상을 전전하다 보면 어느새 타인의 습관적 조력이 최우선적 바람이자 삶에서 가장 필요한 요소가 되어 버린다. 그들은 자신도 모르는 사이 스스로를 위해 행동할 힘을 죄다 잃어버린 채 보이는 모든 대상과 느끼는 모든 감각, 그들이 품는 모든 감정에 있어 자신의 곁을 지키는 주변인들에게 의지하고 마는 것이다. 때문에 감각적 즐거움 외에 다른 즐거움을 좀체 알지 못하는 부유층을 일컬어 '가장 비참한 사람들'이라 한다.

프랑스의 귀족과 조신들은 자신들과 어울릴 기회가 허락되지 않은 이들의 눈에만 그들이 즐기는 여흥이 헛되고 우스꽝스럽게 비치는 거라 여겼다. 하지만 이 문제에 대한 내 견해는 다르다. 어느 일요일 트리아농Trianon에서 베르사유로 돌아가던 중 나는 멀리 성 테라스에 사람들이 여럿 모여 있는 걸 목격했다. 좀 더 가까이 다가가서 보니 루이 15세가 궁정 사람들에게 둘러싸여 창가에 서 있는 모습이 눈에 들어왔다. 화려하게 차려입은 한 남성은 여러 갈래로 갈라진 뿔을 머리에 조여 쓰고 사슴이라 불리며 주변 사람들에게 쫓기는 중이었다. 쫓기는 이와 쫓는 이들이 죄다 커다란 수로로 뛰어내렸다가 서로 밀

고독에 관하여

치며 환호하는 무리들 가운데서 거칠게 빙글빙글 돌기를 반복했다. 그들을 에워싼 사람들은 기쁜 마음을 드러내고 주의를 환기시키려는 듯 커다랗게 손뼉을 쳐댔다. "이게 다 뭐요?" 나는 내 옆에 서 있던 어느 프랑스 신사에게 이렇게 물었다. 그러자 그가 꽤 진지한 얼굴을 하고선 이렇게 대답했다. "궁정에서 즐기는 오락거리입니다, 선생님." 가장 이해하기 힘들고 궁핍한 자들이라 해도 우울의 노예로 끔찍한 여흥에 빠진 이 사람들에 비하면 분명 훨씬 더 행복할 것이다.

참으로 비참한 노릇이다! 그렇다면 그런 인물들에게 적합할 만큼 충분히 고결하고 위엄 있는 심심풀이나 일거리, 이성적 오락거리는 없다는 말인가? 과연 그들은 여흥의 중간중간 선하고 고결한 행동을 단 한 번도 실천하지 못할 만큼 우울한 상태로 전락하고 만 것인가? 그들은 정녕 그들의 벗과 조국, 그리고 자신을 위한 편익을 제공하지 못하는 것인가? 그들은 궁핍하고 불쌍한 자신들의 마음에 너그러운 위로와 안도를 선사하지 못한다는 말인가? 요컨대 그러한 성향의 인물들은 어떤 식으로든 자신의 지혜와 덕목을 향상시킬 수 없다는 말인가?

인간의 정신이 지닌 힘의 파급 범위는 일반적으로 생각하는 것보다 훨씬 더 크다. 취향이나 필요에 따라 정신력을 자주 단련하는 자는 본질적으로 누릴 수 있는 지극한 행복이 전적으로 우리 안에 있음을 깨닫게 된다. 삶에서 우리가 바라는 것들은 대다수가 그저 거짓일 따름이다. 비록 감각적 대상들이 우리의 행복과 기쁨에 가장 효과적으로 기여하긴 하지만, 이는 그 대상들이 꼭 필요해서가 아니라 습관적으로 호감의 대상이 되었기 때문이다. 더불어 그 감각적 대상들이 자아내는 쾌락을 통해 우리는 그것들이 지극한 행복을 이루는 데 꼭 필요하다고 스스로에게 속삭인다. 그러나 감각적 대상들의 매력을 물리칠 배짱과 내면에서 행복을 찾겠다는 용기를 지닌다면, 우리는 그 모든 감각적 대상들이 내어줄 수 있는 것보다 훨씬 더 다양한 자산을 가슴속에서 포착해 낼 것이다.

진정 충만한
관계란

실제로 여흥은 남녀가 서로를 관찰하고 또 자신을 드러내기 위해 찾는 곳에서 이따금씩 발견된다. 시각은 가끔 진정으로 마음에 드는 대상을 포착하고 만족하며, 청각은 듣기 좋은 말에 귀 기울인다. 따라서 적극적인 생각과 감각적 언어가 우위를 차지한다. 하나같이 쾌활하고 재미있는 인물들은 때때로 무리를 이룬다. 이를 통해 그 자질이 두드러져 다른 곳에서라면 못 만났을 사람과도 알고 지낼 수 있다. 또 행동거지가 나무랄 데 없는 데다 마음을 사로잡는 뛰어난 미모만큼이나 교양 있는 대화술로 귀를 황홀하게 하는 상냥한 여성을 만날 수도 있을 것이다. 그러나 이러한 즐거움을 누릴 기회를 움켜쥐려면 얼마나 많은 고통을 감내해야 하는 것일까! 특정한 사유나 혐오감으로 인해 나태하고 방탕한 삶에 녹아들지 못한 이라면 한숨짓지 않고선 지켜볼 수 없는 노릇이다. 세속적 쾌락을 좇는 이들이 그 화려한 자만심과 공허한 자신감, 맹목적 오만, 뻔뻔한 수다를 통해 지극한 행복을 드러내려는 모습을 말이다. 이러한 행복은 거의 언제나 기만적이게 마련이다. 더불어 수많은 위인이 누리는 사치의 기쁨과 애써 젊음을 가장한 노인들이 자아내는 어색한 분위기 역시 한숨 없이는 지켜보기 힘든 건 마찬가지다.

명예와 명성, 쾌락은 비록 무거운 권력이라는 폐단이 주도하긴 하지만 사치에 대한 유혹을 수반한다. 청렴결백한 인물에겐 비난과 중상이 무차별적으로 쏟아지기도 한다. 그러나 정신적 에너지가 조금이라도 남아 있는 자라면 그 힘의 효과를 약화시키는 모든 사회적 요소를 혐오하며 등진다. 그런 다음 그는 가장 소박한 삶의 형태를 찾아 애정으로 충만한 행복한 가정에서 자유와 만족을 누린다. 이는 그 어떤 진미와 향기로운 술보다 수천 배는 더 감미로운 가치라 하겠다. 세속의 진미와 와인을 맛보려면 격식에 따라 잠자코 앉아 평판이 높지만 부조리하고 터무니없는 말만 늘어놓는 자의 이야기에 장단을 맞춰야 할지도 모를 일이기 때문이다.

무기력하고 혼잡한 세속의 집단에서는 천박하고 하찮

　　　　　　　　　　　　　　고독에 관하여

은 오락거리들이 사방에 넘쳐나고 화려한 드레스와 경박한 태도를 과시하는 것만이 유일한 야망이다. 이러한 집단은 나태의 무게를 느끼고 싶어 안달이 난 자의 경박하고 공허한 마음을 어느 정도의 쾌락으로 채운다. 그러나 현자는 합리적 대화나 일시적 여흥을 찾아 헤매다 이따금씩 그러한 집단에 들르게 되더라도 고작 따분하고 단조로운 대화나 지루하고 반복된 칭찬과 맞닥뜨릴 따름이다. 결국 그는 그릇된 기쁨을 선사하는 이러한 사원에 혐오를 느낀 나머지 시인의 언어를 빌려 다음과 같이 말한다.

"그들의 과시적 행사도,
화려한 금빛으로 가장한 그들의 근심도
나는 선망하지 않는다.
신이여, 제 길을 가게 하소서!
평온한 마음과 결백한 가슴과 더불어 숲을 거닐다 보면
그 어떤 인상적인 빈곤도, 미소 짓는 근심도,
품위 있는 증오나 비굴한 위엄도 그곳엔 존재하지 않으니.
쾌락의 대상이 제안하는 유용한 생각의 단상,
황홀한 감각과 행복에 겨운 영혼.

가시마다 유쾌한 지혜가 빛나네.

감미로운 가르침이 개천을 떠도나니.”

참된 사회적 즐거움은 무한한 자신감과 더불어 감정과 견해에 관한 애정 어린 상호 간 교류를 토대로 얻어지는 것이다. 친절하고 충직하며 세련되고 합리적인 우정은 세속적 쾌락을 공허하고 혐오스럽게 만든다. 우리는 그 얼마나 기쁨에 차 사회적 족쇄를 벗어던질 것인가. 그토록 밀접하고 숭고한 교류 안에서 우리의 뜻은 자유롭고 감정은 너그러워지며 우리의 감정에 대한 편견마저 사라지니 말이다. 또 그러한 교류 안에서 쾌락과 고통에 관한 생각과 행동의 상호관계는 줄곧 이어진다. 그 안에선 부드러운 사랑의 손길이 진실과 덕목의 길로 우리를 인도하며, 모든 생각은 입 밖으로 나오기 전에 어느 정도 예견된다. 더불어 생의 모든 불행과 사건을 마주할 때는 서로 간 충고와 위로, 구원이 오고 간다! 우정의 매력에 감화된 영혼은 무관심과 변절의 아픔을 털고 일어나 생기 넘치는 희망의 빛을 보고 깨어나 활동한다. 행복에 겨운 한 쌍의 벗은 지난날을 회상하며 가장 애정 어린 감정

고독에 관하여

을 담아 서로를 향해 이렇게 외친다. "그래, 우리도 저렇게 즐거웠었지! 그래, 우린 그토록 기뻐했었지!"

만일 한쪽이 괴로워하며 조용히 눈물을 떨어뜨린다면 다른 한쪽이 다정하게 그 눈물을 닦아낼 것이다. 이는 한 사람의 슬픈 감정이 다른 한 사람에게도 고스란히 전해지는 까닭이다. 그토록 밀접하고 애정 어린 마음의 교류를 통해 해소되지 않을 슬픔이 있겠는가! 그들은 자신들이 보고 듣고 느끼고 알고 있는 모든 것에 대해 매일같이 서로 이야기하며 소통한다. 그러다 보면 시간의 톱니바퀴는 아주 빠르게 맞물려 돌아간다. 둘은 서로 함께하는 순간과 대화에 질릴 줄을 모른다. 그들이 두려워하는 동시에 실제로 경험하게 되는 가장 큰 불행이라면 상대의 간헐적 부재나 불시의 죽음으로 인한 이별일 것이다.

치유 행위로의
고독

그러나 인간의 행복은 끊임없이 방해받게 마련이다.

우리가 가장 안전하다고 헛된 생각을 하는 바로 그 순간, 운명은 불행한 피해자에게 급작스레 일격을 가한다. 그가 비록 우리 품 안에 있을지라도 말이다. 그러고 나면 삶의 모든 즐거움이 영영 사라지고, 온갖 대상은 우리의 마음을 불안하게 하며 모든 장소가 황량하고 쓸쓸해질 따름이다. 우리는 헛되이 팔을 뻗어 사랑했지만 결국 잃고 만 벗을 품고자 하며 그녀가 돌아오길 간구한다. 익숙한 그녀의 발소리가 여전히 귓전에 울려 마치 그녀가 다가올 것만 같다.

그러나 어느 순간 멈췄던 평소의 감각이 돌아오고 우리를 현혹하는 소리도 더 이상 들려오지 않는다. 쥐 죽은 듯한 고요함이 주변을 감싸고 음울한 고독의 그늘로 들어선 우리는 상처 입어 피가 나는 마음만을 의식하게 된다. 잔뜩 지치고 낙담한 우리는 더 이상 누군가를 사랑하거나 사랑받을 수 없을 거라 생각한다. 한때 사랑의 기쁨을 느꼈던 이에게 사랑 없는 삶이란 죽음보다 더 끔찍할 따름이다. 지극한 행복에서 더없는 고통으로 너무도 급작스러운 변화를 겪으며 우리의 마음은 그만 압도되고 만다. 그 어떤 상냥한 벗도 우리의 고통을 누그러뜨리거나 우리가 느끼는 고충을 충분히 파악하지 못하는 것처럼 보인다. 그러한 상실로 인한 급작스러운 고통은 이전에 느껴보지 않았다면 감히 상상할 수 없는 것이다.

이처럼 불행한 가운데 고통받는 이가 구할 수 있는 유일한 위안은 '고독하게 살아가는 것'으로, 그의 단 한 가지 소망은 홀로 생을 마감하는 것이다. 그러나 이러한 상황에서야말로 고독은 가장 큰 환희를 선사하며 고통받는 이 역시 최대의 혜택을 누리는 법이다. 제아무리 큰 슬픔과 강한 고통일지언정 지혜롭게 감내한다면 처음엔 누그러지지 않더라도 마침내는 사그라질 테니 말이다. 고독이 '병든 마음에 적용하는' 치유의 과정은 느리면서도 점진적이다. 홀로 살아가는 기술 자체가 많은 경험을 필요로 하고 수많은 피해를 수반하는 데다 인내하는 기질에 상당 부분 의지하게 되므로, 고독한 삶이 선사하는 훌륭한 이점을 누리기에 앞서 우리는 완벽한 성숙함에 이르러야 마땅하다. 그러나 성가신 편견의 멍에를 떨쳐내고 은둔에 대한 자연적 존경과 애정을 품은 자라면 그러한 상황에서도 어떤 선택을 내려야 할지 몰라 당황하는 일이 없을 것이다. 외적 대상에 무관심하며 세속의 방탕을 꺼리는 그는 정신의 힘에 기대므로 자신을 벗 삼을 때 가장 외롭지 않다.

공복에 섭취하는 약이 가장 메스꺼운 것과 마찬가지로 천재성을 띤 사람들은 종종 자신의 정신적 방향과 기질에 맞지 않은 일을 떠안게 된다. 유독 무미건조하고 혐오스럽게 느껴지는 일을 한 자리에서 고정적으로 진행하는 데다 부수적인 일까지 맡아 잔뜩 지친 그들은 마치 무덤과 같은 일터에서 평온함을 기대할 수 없게 된다. 자연이 선사하는 일반적 즐거움을 누리지 못한 채 모든 대상은 점점 더 혐오스럽게 여겨질 따름이다. 이에 그들은 이렇게 말한다. "젊음의 미풍이 그 부드러운 숨결로 나뭇잎을 싹트게 하든, 새들이 생기 있는 지저귐으로 전원의 찬가를 외쳐 부르든, 향긋한 꽃들이 푸른 목초지를 장식하든 전부 나와는 상관없는 일이다." 하지만 불평하는 이자들을 해방시켜 스스로 생각할 자유와 여유를 준다면 그들의 정신적 열정은 곧 되살아날 것이다. 그러면 그들은 독수리와 같은 대담한 날갯짓과 무엇이든 꿰뚫어 보는 눈으로 최고의 지적 행복까지 높이 솟구쳐오를 것이다.

고독에 관하여

만일 이 같은 상황에서 고독이 사람들의 고통을 없애 줄 수 있다면 과연 그 영향력을 통해 기대하지 못할 바 있을까! 친숙한 은둔의 그늘로 기꺼이 물러날 수 있는 자, 오로지 깨끗한 공기와 가정에서 비롯된 행복만을 소망하는 자에게 미칠 고독의 영향력을 통해서 말이다. 철학이 선사하는 이점이 무엇인지 안티스테네스Antisthenes(그리스의 철학자이자 소크라테스의 제자_옮긴이)에게 묻자 그는 다음과 같이 대답했다. "철학은 내가 진정할 수 있도록 일러주었소." 포프는 자신의 내면으로부터 행복해지는 기술을 터득하는 것이야말로 인생에서 가장 중요한 교훈임을 잊은 채 잠자리에 든 적이 없다고 했다. 개인적 소견으로 보더라도 우리는 모두 포프가 추구한 바를 좇아야 할 것이다. 우리가 가정에 만족할 때 우리의 모든 것, 그러니까 개와 고양이에까지 우리의 사랑이 미치는 법이다.

건강은 분명 행복의 필수 요소라 할 수 있지만, 상황과 사정에 따라서는 건강을 잃었음에도 평온한 경우가 있다. 가벼운 질병으로 인해 해외 방문 일정을 소화하지 못하게 되어서, 또 그로 홀로 조용히 지내며 쇠약해진 힘을 재충전할 수 있어서 하느님께 감사했던 적이 도대체 몇 번이던가! 나는 수년간 매일같이 도시의 거리를 힘겹게 오가며 몸은 쇠약해지고 팔다리는 기운을 잃었다. 또 잔뜩 민감해진 나머지 사소한 추위만 느껴도 뼈에 붙은 살을 칼로 도려내는 것 같은 기분이 들곤 했다. 업무를 수행하는 중에도 무엇보다 고통스러운 슬픔은 줄곧 주변에 산재했다. 때문에 질병으로 인해 갇혀 있게 되어 안도하며 신께 눈물로 감사한다 해도 놀라운 일은 아닐 것이다.

감정이 있는 의사라면 타인의 고통을 덜어주려 애쓰는 와중에 자신의 괴로움은 종종 잊게 된다. 그러나 의학으로 고칠 수 없는 병을 앓는 환자를 돌봐야 하는 상황이 닥칠 때면 얼마나 빈번히 그 모든 괴로움을 체감해야 했던가! 그러한 상황에서라면 오히려 내가 가벼운 질병을 앓는 편이 내 부재에 대한 변명거리를 제공하고 생각에 잠길 여지를 남길 테니 결과적으로 비교적 달콤한 휴식을 취할 수 있게 된다. 또 그렇게 되면 형식적 방문객들이 정중하게 나를 방해하는 일도 없을 테니 기분 좋은 고독을 즐길 수도 있을 것이다. 문학적 여유를 즐기며 아무런 방해도 받지 않고 집에서 하루를 보내게 되면 온갖 화려

고독에 관하여

한 오락거리에 둘러싸여 있을 때보다 더 참된 즐거움을
마음에 선사할 수 있다.

정신적 즐거움과
자유

자신에게 잘 맞거나 유용한 학문에 정진할 수 있는 마
음의 힘이 생긴다면 연령과 상관없이 홀로 지내는 것을
더 이상 두려워하지 않아도 된다. 매일 규칙적으로 독서
를 하면 언짢은 기분 따위 사라지고 만다. 실제로 책을 읽
는 과정에선 이로운 효과가 창출된다. 이는 우리가 독서
에 임할 때면 늘 펜이나 연필을 손에 들고 새로이 떠오른
생각이나 기존 지식에 대한 확인 사항을 써 내려가게 마
련이기 때문이다. 사실 독서를 통해 알게 된 내용을 우리
자신이나 타인에게 적용하지 않는다면 독서 자체가 소용
없어질뿐더러 아주 피곤한 일이 되고 말 것이다. 그러나
이런 습관은 쉽게 체득할 수 있으며, 일단 습관을 그렇게
들이고 나면 책이야말로 무기력과 불만을 타파할 가장

안전한 해독제가 될 수 있다. 이를 통해 인간은 스스로에게 벗이 되고 그 어느 곳도 아닌 바로 자신의 마음속에서 가장 유쾌한 친구를 발견하게 된다.

　이러한 종류의 즐거움은 단지 감각에 탐닉함으로써 도출되는 쾌락을 훨씬 능가한다. 정신적 즐거움은 일반적으로 절묘한 명상과 심오한 이성적 추론, 그리고 뛰어난 상상력의 분출을 의미한다. 물론 광범위한 지식이나 뛰어난 재능 없이도 완벽히 누릴 수 있는 다른 종류의 즐거움도 존재하는 법이다. 그러한 즐거움은 활발한 노동을 통해 얻어지며, 무지한 자와 학식이 있는 자에게 두루 허락된다. 또한 정신적 즐거움에 비해 그 강렬함이 덜하지도 않다. 그러므로 결코 육체적 노동을 경시해선 안 될 일이다. 내가 아는 어느 신사는 시계의 구조를 훤히 꿰고 있으며 도장공과 자물쇠공, 목수로 활동한다. 그는 각종 연장과 도구를 보유할 뿐 아니라 그 사용법까지 숙지하고 있다. 그와 같은 사람은 사회적 결핍으로 인해 동요하지 않으므로 세상에서 가장 행복한 인물인 셈이다.

　자유롭고 평온하며 다정한 성품을 지니고 자족하는

삶을 살며 주변인들과 잘 지내는 이들이라면 누구나 정신적 즐거움을 누릴 수 있다. 우리는 장난기로 가득했던 학창 시절과 소년기의 엉뚱한 일탈, 젊은 시절의 방황, 놀이와 취미, 유아기의 두려움과 작은 희망들을 기쁜 마음으로 떠올려 본다. 노인은 흐뭇한 미소와 아련한 후회를 머금은 채 행복했던 시절을 더듬어 본다. 젊은이다운 성향으로 모든 행동을 취하고 매사에 활기찬 태도로 임하며 굴하지 않는 용기를 발휘했던 그 시절을 말이다. 그 시절 어려움이란 단지 극복하기 위해 좇는 대상일 따름이었다!

그렇다면 과거 우리의 모습과 현재의 우리를 비교해 보도록 하자. 아니면 사고의 영역을 보다 자유롭게 넓혀 우리가 겪었거나 목격했던 다양한 일들을 돌이켜 보자. 전능하신 하느님께서 제국의 번영을 드높이거나 약화시키기 위해 쓰는 각종 수단들에 관해, 그리고 현대의 예술과 과학 분야에서 이루어진 급속한 발전에 대해 되돌아보자. 또 유용한 지식의 보급과 위험한 편견의 말살에 관해, 천재성과 이성이 노력을 기울였어도 야만과 미신이 차지해 버린 제국에 대해, 인간 정신의 숭고한 힘과 그 비효율적인 산물에 관해 생각해 보자. 권태로움은 순식간에 사라지고 고요함과 평화, 유쾌한 기분이 찾아들 것이다.

고독이 품은 이점은 가장 노년기에 이르러서든, 한창 활기를 발하는 청년기에서든 생의 시기별로 성취하고 또 맛볼 수 있다. 굳건한 기질을 바탕으로 자유롭고 만족스러운 삶을 살며 이해력 함양을 위해 부단히 노력하는 이가 티 없이 순수한 마음을 가졌다면 그는 가장 순수하고 그 무엇과도 바꿀 수 없는 즐거움을 항상 누릴 것이다. 일자리는 영혼의 모든 기능에 생기를 불어넣고 에너지를 불러일으킨다. 이것은 상상력이 활발한 사람이라면 누구나 지닌 비밀로, 그들의 정신력은 물론 획득 가능한 자존감과도 결부된다. 이러한 일은 고결한 열망과 열정을 불러일으켜 그들의 노력이 가장 숭고하며 지극히 높은 곳까지 닿을 수 있도록 한다. 그러나 만일 의무나 상황적 이유로 세속적 사회와 너무 밀접히 교류하게 되고 또 본래 우리의 의향과 달리 시시하고 고된 방탕함에 연루되었다면, 그처럼 떠들썩한 소란을 떨쳐내고 고요한 명상에 돌입하는 수밖에 없다. 이를 통해 활기가 찾아드는 건 물론 속박에서 벗어나 과거의 잘못을 잊고 앞으로도 시끌벅적하고 소란스러운 즐거움을 피하고자 하는 마음이 일 것이다.

결국 우리의 정신은 나태하고 무례한 불청객을 배제했을 때, 보다 더 이성적이고 위대하며 활동적인 데다 자유로울 수 있음에 큰 에너지와 만족감을 느끼게 된다.

삶의 그 모든 괴로움 중에서도 경박하고 유행을 좇는 인물들의 성가신 방문과 편파성만큼 견디기 힘든 건 없다. 루소는 이렇게 말한 바 있다. "내 생각은 내 의지가 아닌 그들의 기분에 맞춰 떠오른다." 따라서 그는 늘 낯선 사람이나 단순히 알고만 지내는 이들의 개입을 극도로 꺼렸다. 오로지 이 때문에 단 한 시간의 평온함도 좀처럼 누리지 못한 이 비범한 인물은 대화 중 급작스레 꾸며낸 정중함과 공허한 칭찬에 심하게 분개했다. 반면 분별 있고 박식한 이들과의 이성적 교류는 더없이 기쁜 마음으로 즐기곤 했다. 천박하고 속 좁은 이들과 어울림으로 인해 지식인의 총기는 얼마나 자주 흐려지던가! 아무리 철저한 이해일지라도 경박한 벗을 둠으로써 시시해져 버리는 경우가 또 얼마나 잦은가! 인간의 정신에 자리한 신이 한순간 발현된 것이 바로 이러한 총기라 할지라도, 그 역시 명상과 성찰을 통해 성숙되어야 한다. 그래야만 그 총기가 추후 천재성으로 고양되고 성격에 일관성이 부여될 수 있다.

가장 이로운 교류를 통해서도 마음이 들뜨지 않는 미덕은 고독의 산물인 경우가 많다. 사랑하고 존경하는 대상과의 어울림을 잃게 되었을 때 우리는 힘이 닿는 한 모든 노력을 기울여 그 불편한 빈자리를 매력적으로 채우려 한다. 그러나 사랑과 우정이 우리를 인도하고 소중히 보살피더라도 우리가 그들의 가슴에 그저 기댄 채 머무른다면 무기력할 따름이다. 이 때문에라도 고독은 인간에게 꼭 필요하다 하겠다. 인간이 오로지 자신에게 기댈 수 있을 때 인생의 거센 폭풍우에 이리저리 휩쓸린 영혼은 새로운 활력을 얻는다. 뿐만 아니라 그러한 영혼은 천박한 이들이 어쩔 수 없이 부딪히고 마는 위험한 바위를 노련하게 피하거나 참을성 있게 견디는 법을 터득한다. 또 절제된 용기로 가혹한 운명에 맞설 수 있는 새로운 힘의 원천을 지속적으로 발견하기도 한다.

고독에 관하여

우리의 내면을
마주할 수 있다면

마음이 나약한 자들은 늘 다수의 감정에 따르는 편이 제일 안전하다고 여긴다. 따라서 그들은 다수의 결정이 이루어질 때까지 어떤 주제에 관해서도 감히 의견을 드러내지 않는다. 그러고는 해당 주제가 인간이든 사물이든 간에 다수의 감정을 맹목적으로 따르며 누가 옳은지 혹은 어느 쪽 의견이 더 진실에 가까운지 굳이 따져서 물으려 하지 않는다. 공정함과 진실함에 대한 애착은 사실 좀처럼 찾아보기 어렵다. 고독을 두려워하지 않는 자가 아니라면 말이다. 방탕한 이들은 결코 나약한 자를 지켜주지 못하며 억압받는 자를 대신해 복수할 수도 없다. 만일 온갖 강력한 악당 무리와 어리석은 자들이 적이라면, 그리고 부당하게 물질적 피해를 입었거나 중상모략으로 인해 명예에 손상을 입었다면 가볍고 방탕한 자들을 찾아가 보호와 시정을 요청해선 안 된다. 왜냐하면 그들은 틀린 음을 내는 오르간이자 편견을 실어 나르는 파이프에 불과하기 때문이다.

우리 자신에 관한 지식은 다른 그 어떤 상황에서보다 고독 안에서 보다 쉽고 효과적으로 습득할 수 있다. 이는 우리가 고독한 가운데 저마다의 마음과 엄밀한 친밀함을 유지하는 까닭이다. 무릇 인간은 세속의 온갖 떠들썩한 어리석음 가운데서도 신중하고 지혜로울 수 있으며, 인생이란 무대에 오르기에 앞서 나름의 신조가 서 있다면 더욱 그러하다. 진정성만큼은 부패한 사회적 교류 안에서보다는 티 없이 소박한 고독 가운데서 보다 수월하게 보존됨이 틀림없다. 이 세상에는 오로지 악에 의해서만 기뻐하는 이가 얼마나 많던가! 또 간사한 태도로 무장한 방탕한 악인과 파렴치한 투기꾼들이 단지 어리석은 자와 나약한 자, 그리고 타인의 악덕한 행위를 지배하는 기술을 습득했다는 이유만으로 호평을 받는 경우가 얼마나 많던가! 교묘한 아첨이라는 향이 계속 더해지는 연기에 도취된 정신은 사람의 진가를 공정하게 분간할 수 없게 되는 법이다. 반면 고독의 고요함 안에서는 마음속 양상을 제대로 포착하게 된다. 더불어 인간의 특성이 어떠한지 뿐 아니라 어떠한 진실성과 성격을 띠어야 하는지도 알게 된다.

이따금씩 세상의 소용돌이에서 벗어나 학문과 사색의 고요함을 즐기며 은둔하다 보면 새롭고 유용한 발견을 얼마나 많이 하게 되던가! 이러한 경지에 이르려면 각자의 마음을 진지하게 가동하고 자신의 행동을 공정히 짚어볼 수 있어야 한다. 실제로 속된 자는 자기반성을 회피하는데, 이는 그에 따른 결과가 분명 감정적으로 고통스러울 것이기 때문이다. 타인들이 자신의 성품을 표현할 때 적용하는 아첨 섞인 견해를 통해서만 자신을 판단해 온 자라면, 본인을 자세히 들여다보는 과정에서 자신이 습관과 대중의 비참한 노예라는 사실에 놀라고 말 것이다. 그는 용의주도한 정확함과 최고의 우아함으로 가장한 채 유행과 기존에 수립된 의식의 압제 앞에 굴복하며 결코 그 영향력에 반기를 들지 않지만, 그 모든 행태는 우스꽝스럽고 불합리할 따름이다. 그는 또 비굴하게 다른 이들의 선례를 따르며 그들이 높이 평가하는 일에 감히 저항하지 못한다. 그러다 결국 자신의 거의 모든 생각과 행동이 스스로에 대한 야비한 두려움에서 비롯되거나 타인에 대한 비굴한 정중함으로부터 야기된다는 사실을 알아차릴 것이다. 그리하여 그는 무의미함을 추켜세우고 윗사람이 변덕을 부리도록 내버려 두며 그들의 비열한 시종 노릇을 한다. 자연히 그는 그들에게 아주 사소한 이의도 제기할 줄 모르며 그들의 기분을 거스를 만한 견해를 내놓을 수도 없다. 침착한 사고를 할 줄 아는 누군가가 이 끔찍한 광경을 보게 된다면 자신의 마음속에 자리한 고요한 감정과 더불어 느낄 수 있을 것이다. 이따금씩 고독 안으로 물러나 보다 고결한 감정과 한층 더 순수한 신조를 지닌 이들로 이루어진 사회를 물색해야 한다는 사실을 말이다.

따라서 품위 있게 사고하거나 문제를 일으키지 않고 살아가는 모든 이들로 하여금 고독 안으로 은둔하여 자신의 마음과 친밀한 교류를 시작할 수 있도록 해야 할 것이다. 깬 이해로 겸손과 순응을 지향하는 참된 철학이 얼마나 되겠는가! 편견의 안개 속에서 그릇된 빛을 발하는 지성의 등불에 현혹된 이들은 참된 길을 오인한 채 어둠의 그늘과 알 수 없는 미로 속에서 헤매며 행복을 모색한다. 결국 은둔과 평정을 좇는 습관을 통해서만 우리는 인간과 사물을 공정하게 평가할 수 있다. 더불어 부패한 사

회가 우리 마음에 심어둔 그 모든 선입관을 버리고 나서
야 우리는 이성을 되찾고 지극한 행복에 이를 수 있을 것
이다.

고독이 건네는
위로

지금까지 우리는 이성적 고독을 통해 도출 가능한 한
부류의 일반적 이점만을 살펴보았다. 하지만 인간사와
사람들의 마음에 보다 밀접히 적용될 다른 이점들도 많
은 것이 사실이다. 아! 생의 혹독한 역경 속에서 위로가
되는 고독의 힘을 경험해 보지 않은 자 있을까? 병후의
무기력과 급작스레 찾아든 고통 속에서, 그리고 죽음으
로 인해 우리 삶의 기쁨이자 위로였던 벗을 잃게 된 괴로
운 순간 고독의 친숙한 그늘을 찾아 안도감을 느끼고자
하지 않을 이 있겠는가? 종교적 은둔과 거룩한 안식의 이
점을 알고 있는 이들은 행복하지 아니한가. 그 거룩한 안
식 안에서 미덕은 영혼에 더욱 가까이 다가서고 죽음의

침상에 누운 모든 인간은 살기를 열렬히 소망한다.

이러한 이점이 더욱 두드러질 때가 있는데, 그건 바로 고독한 철학자의 정신과 세속적 감각론자의 사고방식을 비교하는 경우다. 지루하고 떠들썩한 삶을 사는 이와 편안하고 고요한 삶을 사는 쪽을 비교할 때도, 악의 임종을 방해하는 두려움과 꺼져가는 선한 영혼이 고요한 한숨을 비교할 때도 은둔의 이점은 돋보인다. 이때야말로 우리가 자신과 도덕적으로, 그리고 창조주와 종교적으로 소통함으로써 삶의 풍파를 품위 있게 견디며 죽음의 고통을 수월하게 감내하게 되는 것이 중요함을 깨닫는 끔찍한 순간이라 하겠다.

병들고 슬픈 자, 불만으로 가득한 자들도 고독을 통해 위안을 구할 수 있다. 고독은 고통받은 영혼을 위로하고 뿌리 깊고 아픈 상처를 치유하며 때가 되면 본연의 건강과 활기를 되찾을 수 있도록 한다. 기만의 성소에서는 건강과 행복을 수반하던 감각의 도취가 사라지고, 그들은 상상의 기쁨 대신 실제적 즐거움을 선사하는 대상만 바라본다. 번영이 모든 대상을 가장 빛나고 유쾌한 색으로 꾸미는 반면 역경 안에서는 모든 것이 어두컴컴하고 음울하다. 또한 막이 내리고 환상이 사라지는 순간이 올 때까지 이 같은 정반대의 양극단에 관한 오류는 포착되지 않는다. 기만적 꿈은 상상력의 힘이 잠잠해질 때까지 계속된다. 그러면 불행한 사람은 전지전능한 하느님께서 자신을 굽어보시며 스스로 철저히 버려졌다고 여길 때도 마찬가지임을 알아차린다.

한편 행복한 이는 고독을 통해 세속에 도취되어 있는 동안 그토록 절대적으로 빠져 있었던 쾌락과 오락거리들이 죄다 무의미함을 깨닫고는 자신의 잘못을 진지하게 반성한다. 더불어 자신의 현재 상태와 향후의 운명에 관해, 그리고 자신을 지극한 행복으로 가장 잘 인도해 줄 방식에 관해서도 생각해 보게 된다. 만일 신의 섭리에 따라 우리가 바라는 모든 걸 얻게 된다면 그 또한 얼마나 끔찍한 일이 될 것인가! 삶의 모든 행복이 소멸했다고 생각하는 바로 그 순간, 신은 아마도 우리를 위해 뭔가 대단한 일을 행하고 계실 것이다. 때문에 고독 안에서 발현된 참을성과 인내는 뿌리 깊은 슬픔을 평온함과 기쁨으로 전환시킬 것임이 틀림없다. 그런가 하면 멀리 있을 땐 위협적일 것만 같던 대상들이 가까이 다가가서 보면 불쾌한 측면은 온데간데없이 사라지고 결국엔 가장 기분 좋은 즐거움을 낳기도 한다. 온갖 방편을 다 취하고 어려움이 닥칠 때마다 대담하게 맞서며 줄곧 장애에 저항하는 자, 힘이 닿는 범주 안에서 노력을 게을리하지 않으며 확신을 품고 신에게 의지하는 자는 고통으로부터 독과 상처를 빼내고 불운이 승리하도록 내버려 두지 않는 법이다.

슬픔과 불행, 질병은 오래지 않아 고독이 우리 마음에 쉽고 익숙하게 다가서도록 한다. 열정적 능변이 사그라지고 성가신 요소나 나빠진 건강으로 인해 우리의 힘이 약해질 때, 우리는 그 얼마나 기꺼이 세속에서 벗어나 그 모든 세속적 쾌락에 무심해지던가! 그러고 나서야 우리는 세상이 제공하는 그 모든 원조의 나약함을 알아차리게 된다. 아! 질병과 슬픔에는 얼마나 많은 유용한 진실이 스며들어 있던가! 그것은 왕과 왕족들의 마음에까지 주입되지 않았던가! 건강했던 시절, 그들은 벗을 가장한 이들의 거짓 조언들에 에워싸여 진실을 알아차릴 수 없었을 것이다.

고독에 관하여

사실 병약한 이가 자신의 구미에 맞게 계획한 바에 따라 본인의 힘을 수월하게 쓸 수 있는 시간은 짧은 데다 순식간에 흘러버린다. '시간은 나의 것'이라고 당당히 외칠 수 있는 건 오로지 건강한 체력을 누리는 자뿐이다. 지속적인 질병과 고통에 시달리며 본인의 여가 시간마저 대중의 필요나 변덕에 따라야 하는 사람이라면 단 한순간도 마음대로 쓸 수 있는 시간이 없을 테니 말이다. 자연히 그는 시간이 흘러가는 대로 그저 지켜만 보다가 장소와 시간이 허락하는 선에서 잠깐씩 짬을 내어 여가를 즐겨 보려 한다. 결국 그는 필요와 이성에 따라 확신하기에 이른다. 매일 겪는 고통과 나약한 신체, 지친 마음에 굴하지 않고 쌓여만 가는 문제들에 확고히 맞서야겠다고 말이다. 만일 실의의 희생양이 되지 않고 스스로를 구하고자 한다면 그는 자신을 공격하는 난관들에 맞서 대담히 싸워야만 할 것이다. 무기력해질수록 건강은 더 나빠진다. 그러나 단호한 용기와 완강한 저항을 통해 종종 우리의 힘은 개선된다. 또한 고독의 평온함과 함께하는 사람은 불운에 힘차게 맞서 싸워 결국엔 승리한다.

정신이 신체에 미치는 영향이란 체질적 불평에 시달

리는 이들에게 위안이 되는 진리와 같다. 또 이에 힘입어 이성적 노력 역시 사그라질 줄 모르고 계속되며, 종교의 영향력도 그 기세를 유지한다. 그런가 하면 가장 섬세한 감성과 높은 이해력을 지닌 자들이 정작 고통에 처했을 땐 제일 저속한 부류보다 용기를 발휘하지 못하는 경우가 잦다는 개탄스러운 사실은 미처 알려지지 않은 부분이다. 믿기 힘들겠지만 캄파넬라Campanella는 우울한 감상에 빠져 괴로워했으며, 그것은 그 어떤 신체적 고통보다 더 괴로운 정신적 고통에 해당했다. 그러나 내 경험에 비추어 감히 말하자면, 극한의 고통 속에서도 주의를 환기시킬 만한 모든 대상은 우리가 감내하는 악을 누그러뜨리며, 간혹 그것을 아예 몰아내 버리기도 한다. 여러 저명한 철학자들은 주의를 환기시킴으로써 가장 신랄한 고통을 겪는 와중에도 평온한 마음을 유지하는 것은 물론 신체적 고통에도 굴하지 않고 지적 능력을 강화할 수 있었다. 루소는 질병과 슬픔이라는 지속적 압박에 시달리며 불멸의 작품 중에서도 두드러지게 뛰어난 부분을 집필해 냈다. 겔러트Gellert는 온건하고 유쾌하면서도 유익한 글을 펴냄으로써 독일의 지도자가 되었고, 이 흥미로

226   고독에 관하여

운 직책은 우울함에 맞서는 비밀 방안이기도 했다. 멘델슨Mendelsohn은 말년에 실의에 빠지진 않았지만, 오랜 시간 상상할 수 없을 정도로 심한 신경 착란에 시달렸다. 하지만 그는 인내와 유순함으로 고통에 대처했고 여전히 젊은이다운 고결함과 장점을 유지하고 있다. 가르베Garve의 경우 수년간 읽고 쓰고 생각할 수 없었지만, 이후 키케로에 관한 논문을 펴냈다. 이 심오한 작가는 이 논문의 모든 표현에 신중을 기했으므로 어쩌다 적절치 못한 단어가 적용되기라도 하면 속상해하는 듯했다. 그의 체질이 나약한 것에 대해선 전지전능한 하느님께 감사와 환희를 돌려야 할지도 모르겠다. 왜냐하면 그로 인해 그는 정신의 힘이 신체에 미치는 어마어마한 영향력을 깨달았기 때문이다.

고독의
필요

고독은 단지 바람직할 뿐 아니라 전적으로 필요하다.

특히 너무 빨리 차오르는 감정과 지나치게 열정적인 상상력을 지닌 탓에 조용히 살아갈 수 없는 사람들, 인간과 사물 모두를 대상으로 끊임없이 비난을 퍼붓는 이들은 더욱 고독을 필요로 한다. 타인에게 좀처럼 감정을 드러내지 않는 상황에서 마음이 억압당해 괴로운 자와 다른 이들이 공감하지 못하는 상황에서 자신의 불운이 얼마나 심한지 불평하는 자, 즉각적 만족과 즐거움을 선사하지 못하는 모든 상황에 대해 낙담한 자, 공상에서 비롯된 환상으로 인해 끊임없이 고통받는 자, 번영이 시야에서 사라진 순간 혼란스럽고 낙담한 자, 진정 무엇을 원하는지 알지 못한 채 이미 가진 것에 대해 불평하는 자, 마음이 늘 헛된 소망을 전전하는 자, 모든 것에 대해 불안해하면서 그 무엇도 즐기지 못하는 자는 사회에 적합하지 않다. 더불어 고독의 힘으로 그들의 다친 영혼을 낫게 할 수 없다면 분명 그들은 치유가 불가능하다.

관점을 달리해 이성적 마음과 경건한 기질을 소유한 자들도 종종 무기력과 절망에 빠지곤 한다. 그러나 그건 대개 전적으로 그들의 잘못이다. 만일 그것이 근거 없는

고독에 관하여

두려움 때문이라면, 그들이 사소한 실망이나 가벼운 질병을 문제 삼아 자신과 타인을 괴롭히길 즐긴다면, 그들이 이성을 통해서만 얻을 수 있는 안도감을 줄곧 약에 기대어 얻으려 한다면, 나태한 공상을 억누르기는커녕 마음껏 탐닉한다면, 그들은 작은 핀에 난 구멍이나 불가피하게 겪게 되는 삶의 사소한 역경을 견딜 수도 없거니와 견뎌내지도 않을 것이다. 그들은 그저 자신의 불행한 상황을 탓할 따름이다. 또 굳이 생각해 보려는 노력을 기울이지도 않은 채, 무시무시한 포구에서 피어나는 치명적인 불꽃을 바라볼 뿐이다. 그러다 마치 장난감 총에 쏘이지나 않을까 하는 나태한 우려를 품고 수치스럽게 마음을 가라앉힐 것이다.

강인한 정신적 자질과 불굴의 용기, 굳은 결의, 금욕적 단호함은 무수한 난관이 끊임없이 제기되는 시끌벅적한 인간적 교류보다는 고요한 명상을 통해 더 빨리 습득할 수 있다. 사람들과 교류할 땐 의례와 굴종, 두려움 따위가 우리의 성향을 오염시키고, 벌어지는 모든 일이 우리의 노력에 반한다. 때문에 배려할 줄 알고 생각이 자유로운 사람들보다 마음이 나약하고 편협한 자들이 훨씬 더 활달하고 인기를 누리며 호평을 받는다.

　사랑하는 벗이 죽음에 이르고 나면 우리는 줄곧 사회로부터 물러나고자 하는 강한 욕구를 느낀다. 그러나 세속적 친분이 있는 자들은 하나같이 이 가상한 뜻을 저버린다. 우리의 크나큰 슬픔에 관해 언급하는 건 부적절하다고 판단한 주변인들은 그 사건에 대해 냉담하고 무심한 태도로 일관하며 우리를 에워싼다. 그러고는 이따금씩 방문해 마을의 화젯거리로 우리를 즐겁게 해줌으로써 본인들의 임무를 다했다고 여긴다. 사실 그처럼 공허한 농담은 상처 입은 마음에 위로가 되지 못하는데도 말이다.

　아! 독일에 당도한 지 채 2년도 지나지 않아 나는 내 마음의 애틋한 우상이자 지난날의 사랑스러운 동반자를 잃었다. 나는 주변의 벗들에게 수천 번도 넘게 이렇게 말하곤 했다. "아! 제발 혼자 좀 내버려 두게!" 고인의 영혼이 여전히 내 주변을 맴돌았고, 그녀와 함께한 시간에 대한 감미로운 기억과 더불어, 나로 인해 그녀가 겪어야 했던 고통에 대한 비참한 기억이 늘 내 마음에 자리했다. 그녀는 얼마나 온화하고 상냥했던가! 다섯 달 동안 줄곧 소멸에 대한 고통이 그녀 곁에 머물렀다.

어느 날 그녀가 베개에 기대 있는 동안 나는 래믈러 Rammler의 《예수의 죽음》을 그녀에게 읽어주고 있었다. 책에 시선을 두고 있던 그녀는 어느 순간 다음의 구절을 조용히 가리켰다. '내 숨결이 약해지니 살아갈 날도 얼마 남지 않았구나. 마음은 고통으로 가득하고 영혼마저 달아나려 하네.' 아! 당시의 모든 상황을 떠올려 보면 괴롭고 고통스러운 순간에 세상을 저버리는 것이 그 얼마나 불가능한 일인지 새삼 생각해 보게 된다. 가슴에 죽음의 씨앗을 품고서 고통을 견디거나 그에 저항할 용기도 없이 악에 쫓기고 중상모략에 시달리면서 말이다. 그런 상황에서라면 '제발 혼자 좀 내버려 두게'라고 외치는 모습을 쉽게 떠올려 볼 수 있다. 그러므로 너무도 가혹한 운명에 의해 찢어진 마음은 애정을 쏟거나 감정을 나눌 곳을 잃은 채 늘 자신을 받아주던 가슴으로부터, 기분 좋게 머물렀던 그 가슴으로부터, 그리고 소중히 아꼈던 대상한테서 떨어져 나오게 된다. 이 경우 고독만이 위안을 줄 수 있다.

고독한 가운데 다정하고 자비로운 감정이 무르익어

보존되며, 헛된 이성과 과시력에 대한 건전한 불신이 생겨날 때 고독은 우리가 신께 좀 더 가까이 다가서도록 해준다. 겸손이야말로 우리가 성찰을 통해 깨닫게 되는 첫 번째 교훈이며, 자기 불신은 자신을 제대로 파악했음에 대한 우선적 증거에 해당한다. 의사로서의 나는 병상에 누워 곧 닥쳐올 죽음에 맞서려는 영혼의 노력을 바라본다. 그리고 환자의 고통이 커짐에 따라 죽음도 급속히 가까워짐을 알아차린다. 고통받는 불행한 이가 고통의 미미한 경감에 대해 전지전능한 하느님께 감사하며 차갑고 떨리는 손을 들어 올리는 순간, 또 죽음이 임박한 환자의 복잡한 신음과 '컥' 하고 목이 메는 소리가 들려오고, 그 자리에 참석한 벗들의 조용한 비통함을 목격할 때면 내 모든 용기가 빠져나가고 마음엔 출혈이 발생하는 것만 같다. 나는 그 슬픈 광경에서 벗어나 애석한 인간들을 향해 마음 내키는 대로 눈물짓고 의학적 힘의 비효율성을 개탄하고자 한다. 나라는 비참한 존재를 오래도록 남겨두기 위해 그토록 좋았던 의학의 힘을 말이다.

"지난날을 돌아보며

고독에 관하여

그 모든 세월을 그리워하네.

건강했고 젊었으며

자신에게 엄격하고 활기찬

생의 교묘한 게임을 이어가며 좀체 믿기 힘들지만

여태 이렇게 살아남았네. 삶을 사랑하는 나

그 누가 짐작이나 했을까. 내가 이렇게 살아남으리라고?

살아 있음은 기적이어라! 아직 이렇게 살아 있다네

오래전 생을 묻어버린 자가 말이지."

홀로 지내지 못한
후회

세상의 유혹을 피해 가는 지혜는 끊임없이 여흥을 좇
거나 자기 성찰을 하지 않고 여러 파티를 전전하거나 천
박하고 사소한 주제에 관해 기나긴 대화를 이어간다고
해서, 그리고 온갖 일을 떠맡아 아무것도 실행하지 않음
으로써 얻어지는 것이 아니다. 어느 저명한 철학자는 이
렇게 말한다. '참된 지혜를 얻고자 한다면 홀로 고독하게

살아가는 법을 터득해야 한다.' 끊임없는 방탕은 모든 도덕적 감정을 억눌러 버린다. 쾌락에 도취된 가운데 이성은 지배력을 잃고, 이성의 목소리는 더 이상 들려오지 않는다. 누구도 이성의 권한에 따르지 않으며, 마음은 더 이상 유혹을 이겨내려 분투할 줄 모른다. 그러나 우리는 열정이 우리 앞에 흩뿌려 놓은 위험을 피하는 대신 그 위험을 열렬히 좇는다. 하느님의 뜻과 신성한 종교의 계율은 평범한 사회적 교류 안에서 너무도 간과된다.

수많은 불합리한 일에 사로잡힌 채 유쾌한 망상에 넋을 잃고 열정과 욕망을 부추기는 지속적인 취기로 흥분한 상태에서는 신과 인간을 잇는 모든 연결고리가 사라지고 만다. 더불어 밝고 고결한 이성적 능력마저 흐려질 뿐 아니라 진정한 행복의 유일한 원천인 중대한 종교적 책무마저 마음에서 완전히 잊히거나 경솔하고 무심하게 기억될 따름이다. 반면 진지한 자기반성에 돌입한 자는 침묵 속에서 신을 향한 사고를 고양시킨다. 빛나는 창공과 꽃으로 수놓인 초원, 거대한 산맥, 고요한 숲과 같은 자연의 무대를 신성한 신전으로 여기고 찾는 사람, 자신의 감정이 만물의 지어내고 지휘하는 위대한 존재를 향

고독에 관하여

하도록 하는 사람, 그리고 현명한 섭리를 눈앞에서 지속적으로 확인하는 사람이라면 분명 경건한 고독과 독실한 은둔을 이미 경험했을 터다.

　고독한 가운데 신을 향한 열성적 헌신을 통해 얻어지는 경건한 성향은 몇몇 인물들이 그러했듯 특정한 상황에서 음울한 미신으로 변질되거나 소란스러운 광신으로 바뀔 수 있다. 그러나 이처럼 지나친 현상은 곧 누그러진다. 모든 덕목을 소멸시키고 마는 치명적 나태에 비해 이러한 성향은 차라리 이롭다고 하겠다. 자기반성이 진행되는 진지한 시간 동안 열정의 궤변은 잠잠해지고, 자신의 잘못과 결함을 발견한 순간 우리가 느끼는 동요는 순수하고 이성적인 믿음을 통해 행복한 편안함과 완벽한 평온함으로 전환된다. 신성한 종교를 조롱하고 독실함을 나약함이라 칭하는, 재치 있지만 거만한 자들에 비해 광적인 적극론자들은 훨씬 더 자주 전능하신 신성 앞에 자신을 드러낸다. 철학과 도덕은 고독 안에서 종교의 부속물이 되며, 그 힘을 합쳐 영원한 평화의 나무 그늘로 우리를 인도한다.

생의 마지막 순간이 도래하면 우리는 모두 지난날 좀 더 홀로 고독하게 지내며 자신과 더욱 철저히 친밀한 시간을 보내고 신과는 좀 더 밀접히 교감할 수 있었길 바란다. 우리는 지난날의 잘못을 돌이켜보며 그 잘못이 세상의 유혹을 피하지 않았기에, 그리고 마음의 뜻을 충분히 주의 깊게 살피지 않았기에 야기되었음을 분명히 깨닫는다. 하느님과 교감하며 생을 보낸 고독한 이의 감정을 창조주의 존재는 잊은 채 순간의 쾌락을 최대 관심사로 삼은 세속적 인물의 감정에 대비시켜 보자. 또 침묵 속에서 영원의 중요성을 되새기는 현자의 성품과 음악회와 무도회, 각종 모임에 시간을 전부 쏟는 상류층 인사의 성품을 비교해 보자. 그러면 우리는 고독과 기품 있는 은둔, 가려 사귄 벗, 이성적 사회만이 진정한 즐거움을 선사하며, 세속의 헛된 쾌락을 통해서는 결코 얻을 수 없는 죽음 가운데 위안과 영원한 삶에 대한 희망을 제공함을 깨닫게 된다. 그러나 종교적 성찰과 더불어 차분히 인생을 보낸 공정한 자와 열정과 욕구를 충족시키는 데 전념해 온 세속적 인물의 차이가 가장 뚜렷이 드러나는 건 바로 임종의 순간이다. 아! 세속의 떠들썩한 방탕에 빠져 살아온 삶은

고독에 관하여

뚜렷한 죄악을 저지르지 않았음에도, 순수함으로 무장하고 미덕으로 보답 받는 고독의 나무 그늘 아래에서의 삶과 극명한 대조를 보일 따름이다.

가르침을 전하는 데 있어서는 수칙보다 실례가 더 효과적이고, 먼 예시보다는 최근의 사실이 보다 생생한 호기심을 불러일으키기에 나는 이 기회를 빌려 가족과 유행을 중시한 어느 사내에 대해 이야기하고자 한다. 그는 몇 년 전 런던에서 자신을 쐈는데, 이런 사례에 비춰볼 때 가장 유쾌한 사람일지라도 세상의 관행에 따라 그 신조가 변질되면 극도로 비참해질 수 있음이 드러난다.

밀턴 경Lord Milton의 장남 대머Damer 씨는 그가 고수해온 원칙에 완벽히 부합하는 방식으로 서른다섯의 나이에 생을 마감했다. 그는 콘웨이Conway 장군의 며느리인 어느 부유한 여성과 혼인했다. 뛰어난 재능이 돋보이는 그였지만, 지나치게 방탕한 생활에 심취한 탓에 그의 눈부신 정신적 능력은 좀처럼 드러나지 않았고 뛰어난 정서적 자질도 왜곡되었다. 그의 저택과 마차, 말, 그리고 하인들의 제복에 이르기까지 모든 것이 화려하고 웅장하기 그

지없어서 멋지고 화려한 대영제국의 호화롭고 값비싼 기준을 뛰어넘을 정도였다. 그는 가진 재산이 많았지만, 과도한 지출이 수입을 넘어섬에 따라 결국 돈을 빌려야 할 지경에 이르렀다. 그는 또 다양한 방식으로 4만 파운드가량의 금액을 모금했지만, 돈의 대부분을 부주의할 정도로 관대하게 써가며 자신보다 부유하지 못한 벗들의 고충을 덜어주려 했다. 이는 그의 마음이 다정함과 연민으로 넘쳐난 까닭이었다. 이처럼 타인의 불운에 민감하게 반응하던 그의 예리한 감성이 마침내 자신의 곤란한 상황에도 눈을 뜨기에 이르렀다. 돌이킬 수 없을 것만 같은 자신의 상황에 몰두하게 된 그의 마음은 극도의 절망에 빠졌다. 결국 사창가를 찾은 그는 여인 넷을 불러들여 얼마간 거리낄 것 없이 즐거운 시간을 보냈다. 하지만 짙은 어둠이 내리자 낙담한 기색이 역력한 그는 여인들을 돌려보냈다. 그러고는 곧장 오후 내내 지니고 있던 권총을 주머니에서 꺼내 자신의 머리를 겨눴다.

그는 같은 부류의 다른 여러 여성들과 그랬던 것처럼 그날도 그 여인들과 같은 식으로 밤을 보냈던 것 같았다. 그러니까 여인들이 흔쾌히 허락했을 법한 요구를 하지 않는 대신 지불한 돈에 대한 대가로 혹은 의례적으로 끝도 없이 이야기를 늘어놓도록 한 것이다. 그렇게 함으로써 그는 괴로운 마음을 짓누르는 슬픔을 잠시나마 잊고자 했다. 그러나 여인들과의 이러한 교류를 통해 경험한 일시적 망각에 대해 그가 느낀 고마움은 이따금씩 훈훈한 우정의 감정으로 발전했다. 런던 극장의 어느 유명한 여배우는 과거 그와 대화를 나눈 대가로 이미 엄청난 금액의 돈을 수령한 터였다. 그런데 그가 세상을 떠나기 고작 3일 전, 그녀는 25기니를 보내 줄 것을 그에게 청했다. 당시 그가 수중에 지닌 건 고작 10기니였지만, 그는 그녀의 요구에 즉시 부응하지 못함을 사과하며 가진 돈을 전부 전달했다. 이후 얼마 지나지 않아 그는 지체 없이 부족한 금액을 빌려 그녀에게 보내주었다. 이 불운한 청년은 죽음이라는 파국이 도래하기 직전 부친에게 부치는 서신을 통해 자신이 처한 고통스러운 상황을 알렸다. 마침내 그가 숨을 거둔 그날 밤, 사랑하는 그의 부친 밀턴 경은 런던으로 건너와 그가 진 빚을 전부 갚고 불운한 아들의 신변을 정리했다. 궁핍하고 방탕한 그 사내는 그렇게 살다 생을 마감했다! 청렴결백한 이가 살았던 삶과 고결하게 숨을 거둔 이의 죽음은 이 사내의 그것과 얼마나 다르던가!

어느 여인
이야기

이쯤에서 잊으려야 잊을 수 없는 어느 젊은 여인의 이
야기를 소개하고자 한다. 페트라르카가 사랑하는 그의
로라에 대해 말했듯이 나는 그녀에 대해 사실만을 이야
기할 것이다. 세상은 그녀의 훌륭함을 미처 알지 못했다.
그녀가 자신의 죽음을 비통해 할 남은 이들만을 알고 지
냈으니 말이다. 고독이야말로 그녀가 아는 세상의 전부
였다. 이는 은둔하는 고결한 생활을 통해 얻게 되는 기쁨
만이 그녀의 유일한 즐거움이었던 까닭이다. 하늘의 섭
리를 경건히 받아들이고 따름으로써 그녀의 나약한 육신
은 사그라질 줄 모르는 불굴의 용기로 온갖 필사의 고통
을 견뎌냈다. 온화하고 선하며 상냥한 성품의 그녀는 투
덜거림이나 한숨도 내비치지 않고 괴로움을 인내했다.
천성이 소심하고 내성적인 그녀였지만, 지극한 효심의

온기에 힘입어 자신의 영혼이 느낀 감정을 드러냈다.

여기까지는 지금 내가 기술하려는 뛰어난 인물에 관한 설명이었다. 그녀는 극심하게 불행한 상황 속에서도 불굴의 용기를 발휘함으로써 고독이 가장 나약한 존재의 정신에까지 얼마나 큰 힘을 실어 나르는지 확인시켜 주었다. 자신의 능력을 자신할 수 없었던 그녀는 사랑하는 부모님의 말에 귀 기울였고 하느님의 선하심을 철저히 확신했다. 개인적인 경험과 판단에 비춰볼 때, 그녀는 가장 열렬한 애정을 베풀었고 기량이 아닌 행동을 통해 자신의 진정성을 확인시켰다. 그녀를 구하기 위해서라면 기꺼이 내 삶을 바칠 것이며, 그녀 또한 나를 위해 자신의 생을 포기할 수 있음을 알고 있다. 그녀를 기쁘게 하는 것이야말로 내 유일한 즐거움이요, 그러한 내 노력은 충분히 보상받았다. 내가 가장 좋아하는 꽃이 장미임을 안다는 듯 그녀는 장미 철이 돌아오자 거의 매일 장미를 한 송이씩 선사했다. 그때마다 나는 더없이 기쁜 마음으로 그녀의 손에서 장미를 받아들었고, 세상에서 가장 귀한 보물이라도 되는 양 그 꽃을 소중히 여겼다. 그런데 느닷없이 폐출혈이라는 낯선 질병이 등장해 이러한 사랑의 위안을 앗아가고 내 품에서 그녀를 떼 놓았다. 그녀의 상태를 확인한 나는 그 병이 치명적임을 곧바로 알아차릴 수 있었다. 불행했던 그 시절 상처 입은 연민의 마음을 그러안은 채 나는 얼마나 자주 신 앞에 무릎 꿇고 그녀가 낫게 해 달라고 간청했던가. 하지만 나는 그녀가 보는 앞에선 그런 내 감정을 철저히 숨겼다. 병에 위협받고 있음을 알고 있던 그녀였지만, 그 진행 속도에 대해선 아예 아는 바가 없었다.

그녀의 방에 들어설 때나 거기서 나올 때 그녀의 창백한 뺨엔 미소가 어렸다. 치명적 병으로 인해 쇠약해진 데다 자신을 갉아먹는 슬픔에 잠식당한 채 참을 수 없을 정도로 극심한 고통에 시달렸지만 그녀는 아무런 불평도 하지 않았다. 그러나 내가 묻는 질문엔 자세한 설명 없이 단답형으로 짧게 대답할 따름이었다. 생명이 꺼져가고 죽음이 임박했음이 분명했다. 하나 생의 마지막 순간 그녀의 얼굴엔 순수한 그 정신과 다정한 마음에 걸맞은 평온함이 묻어났다. 그리하여 사랑하는 내 외동딸은 9개월이라는 기나긴 시간 동안 고통에 시달리다 스물다섯을 일기로 내 품에서 눈을 감았다. 그토록 길고 고통스러운 병마의 공격엔 당해낼 재간이 없는 법이다. 그녀는 아주 어릴 적부터 병이 덮쳐 와도 고분고분한 희생양의 면모를 보였다. 스위스를 떠날 무렵 그녀는 이미 식욕을 거의 잃은 상태였다. 그곳에 거주하는 동안 그녀는 평소의 다정함을 잃었고 이를 전혀 유감스러워하지 않았다.

훌륭한 심성만큼이나 멋들어진 어느 청년이 우리가 떠난 후 몇 주 뒤 생을 마감하고 말았다. 그는 내 딸의 첫사랑이었다. 하노버에서 행복하게 보낸 며칠 동안 널리 존중받고 사랑받았던 그녀는 종교적 기도문을 써 내려가며 시간을 보냈다. 이 기도문은 이후 그녀의 기록물들 사이에서 발견되었고, 그녀는 고통에서 빨리 벗어날 수 있게 해 달라고 기도문을 통해 간청하고 있었다. 또 같은 기간 내에 그녀는 여러 장의 편지를 남겼는데, 그 역시 한결같이 감동이 묻어나는 글로 때로는 숭고함마저 느껴졌다. 그녀의 글은 당대의 작가들과 하루빨리 재회하고자 하는 영혼의 바람을 표현하고 있었다. 사랑하는 내 딸이 극도의 고통 속에서 남긴 마지막 말은 다음과 같다. "오늘에서야 천국의 기쁨을 맛보겠노라!"

어린 여성이 잔뜩 쇠약해졌으면서도 극도의 고통을

감내해 낸 걸 보고서도 용기로 극복할 수 있는 불운 앞에 우리가 낙담하고 만다면 이처럼 빛을 발한 그녀의 실례가 무슨 소용이란 말이던가! 형언할 수 없는 고통을 겪으면서도 그녀는 한숨 한 번, 불평 한마디 내뱉지 않았고, 조용한 체념과 함께 하늘의 뜻에 따르며 자신의 인내가 내세에서 보답받길 소망했다. 그녀는 활달하고 언제나 온화했으며 타인의 고통 앞에선 늘 연민을 품었다. 우리는 어느 용감하고 고결한 이가 제시한 숭고한 가르침을 목전에 두고 있다. 그녀를 사랑해 마지않는 우리는 신성한 성전에 자리하고 앉을 수 있길 열망한다. 그러면서도 지극히 사소한 희생조차 마다하며 역경에 맞서려 노력하지 않는다. 그런가 하면 철저한 마음의 성찰을 통해 누릴 수 있는 인내와 체념도 갖추려 하지 않으며 신과의 고요한 교류를 위해 노력을 기울이는 일도 없다.

감각적이고 불운한 자들이여! 지금 당신을 짓누르며 절망감을 안기는 가벼운 불운은(내 경우에 비하면 실로 가벼운 불운에 속하므로) 결국 세속의 저속한 사고방식 이상으로 당신의 정신을 고양시킬 것이며, 현재로선 불가능해 보일 정도까지 당신의 힘을 강화시킬 것이다. 지금으

고독에 관하여

로선 그저 괴로움과 슬픔의 심연으로 가라앉은 듯하겠지만, 머지않아 때가 오면 낮게 깔렸던 마음이 천상으로 주의를 돌려 거기에 집중함으로 다시금 행복해진 자신을 발견하게 될 것이다. 그러고 나면 고요한 휴식을 즐기며 크고도 숭고한 즐거움을 누릴 수 있다. 더불어 삶에 대한 호들갑스러운 열망 대신 불멸에 대한 평온하고 편안한 희망을 품게 된다. 은둔과 평온함의 가치를 아는 자, 그리고 숲의 고요함과 전원의 고독에서 오는 그 모든 기쁨을 즐길 줄 아는 자야말로 지극히 축복받았다 하겠다. 그 순간 우리의 영혼은 깊고 깊은 슬픔과 실의에 빠져 있더라도 천상의 기쁨을 맛보게 된다. 그리하여 힘을 되찾고 새로이 용기를 얻어 더없이 자유롭게 행동할 수 있는 것이다. 불굴의 용기가 서린 두 눈은 언젠가는 사그라질 질병의 고통을 목도한다. 우리의 정신은 홀로됨을 더 이상 두려워하지 않게 된다. 더불어 우리는 생의 남은 기간 동안 죽음의 무덤 주변에 피어난 장미들까지 길러내는 법을 터득해 나간다.

IV | 추방지에서 누리는 고독의 이점

추방된 자들은 흔히 고독의 이점과 즐거움을 경험했다. 그들은
자신들을 추방한 세상 대신 은둔의 평온함 속에서 그들만의 새
로운 세계를 형성했다.

SOLITUDE

고독의 이점은 지위나 재산, 혹은 상황적 범주로 국한되지 않는다. 향긋한 산들바람과 장대한 숲, 다채로운 색상으로 물든 초원 등 각양각색의 아름다운 대상들은 봄의 시작과 함께 자연에 펼쳐지는 그림으로 철학자와 왕, 영웅의 마음을 사로잡을 뿐 아니라 그 강렬한 기쁨으로 가장 비열한 구경꾼들의 마음조차 황홀하게 한다. 영국의 어느 작가는 이러한 현상을 정확히 관찰하여 다음과 같이 기술했다.

"아름다운 색깔의 꽃을 기쁘게 바라보는 자라면 굳이 식물 이론을 공부하지 않아도 좋다. 혹은 햇볕이 기쁘으로 차올라 그 온기가 감돌기 전이라면 천동설과 지동설을 논할 필요도 없을 것이다. 새로움은 그 자체로 만족감을 선사하는 원천이라 할 수 있다. 밀턴 경이 언급했듯이 도시 생활에 답답함을 느낀 지 오래였던 그로선 전원의 모든 대상이 자신의 감각에 기쁨을 선사하고 생기를 불어넣는 것만 같았다."

추방된 자들은 흔히 고독의 이점과 즐거움을 경험했다. 그들은 자신들을 추방한 세상 대신 은둔의 평온함 속에서 그들만의 새로운 세계를 형성했다. 그 안에서 그들은 위대함의 정점에서 좇았던 그릇된 기쁨과 거짓 즐거움을 잊고, 이성적 존재들이 주목할 만한 고결한 부류의 즐거움에 마음을 길들여 갔다. 또한 그들은 평온한 나날을 보내며 가지각색의 순수한 행복을 만들어냈다. 이는 온갖 위안을 주는 요소와 그들의 조국, 가족, 벗들이 자리한 사회로부터 멀리 떨어져 있을 때만 떠오르게 되는 발상이다.

추방된 자들이 은둔 안에서 행복해지고자 한다면 그들은 다른 이들과 마찬가지로 하나의 대상에 마음을 집중하고 이를 좇아 잊고 있던 희망을 되살리고 곧 누리게 될 기쁨에 대한 기대를 불러일으켜야 할 것이다.

추방의 고독을
반긴 인물들

이젠부르크Isenburg의 왕자 모리스Maurice는 브런즈윅 Brunswick의 공작 페르디난드Ferdinand와 마셜 브로글리오 Marshal Broglio 밑에서 20년간 복무하고 러시아와 터키(현 튀르키예) 간 전쟁에 참여하며 그 용맹을 떨쳤다. 자신의 야망과 영광을 충족시키는 과정에서 그의 건강과 휴식은 뒷전으로 밀려나기 일쑤였다. 러시아 군대에서 복무하던 중 그는 여제에게 미움을 사 추방되기에 이른다. 당시 러시아 정권에 의해 쫓겨난 자들이 배치되는 추방지는 그 열악한 환경으로 익히 알려진 터였다. 이 철학적 왕족은 결국 국가에 의한 추방마저 선뜻 받아들였다. 그러나 그도 처음엔 자신이 처한 고통스러운 상황으로 인해 몸과 마음이 억눌리고 너무도 불안한 나머지 뼈만 남을 정도로 여위어 갔다. 그러던 어느 날 우연히 추방을 주제로 한 볼링브룩 경의 짧은 글을 읽게 되었다. 몇 번이고 그의 글을 읽은 왕자는 우아한 문체로 이를 번역해 냈고 그 서문에 다음과 같은 말을 남겼다. "그의 글을 읽을수록 내 슬픔과 불안이 사라짐을 느꼈다."

볼링브룩 경이 쓴 이 글은 스토아 철학과 유려한 문체가 녹아든 걸작으로 삶의 온갖 역경을 대담하게 살핀다. 그는 다음과 같이 말한다. "지나간 고통과 현재 당면한 고통을 한꺼번에 꺼내두고 살펴보자. 그리고 그 고통으로부터 달아나거나 고통이 닳아 없어질 때까지 수치스러울 정도로 오래 인내하는 대신 이를 극복해 내자. 임시 방편으로 고통의 증상만 완화시키는 대신 수술칼을 거머쥐고 상처를 바닥까지 파헤친 다음 즉각적이고 근본적인 치료에 돌입하자."

연속적 고독과 마찬가지로 영구적 추방은 분명 정신력을 강화하고 고통받는 자로 하여금 힘을 그러모아 불운에 맞설 수 있도록 한다. 실제로 고독은 자신의 마음에 기분 좋게 공감하려는 추방된 자들에게 수월한 상황이 될 수 있다. 그들은 고독을 통해 이전까지 알지 못했던 즐거움을 경험하게 되고, 자연히 그때부터는 이전의 성대하고 영화로운 형태의 삶을 통해 맛보았던 쾌락은 잊게 된다.

어느 날 추방된 브루투스는 추방되어 미둘레네Mitylene에서 은둔하던 마르켈루스Marcellus(로마의 장군이자 집정관_옮긴이)를 찾아갔다. 그의 눈에 비친 마르켈루스는 인간에게 허락된 최고의 행복을 누리는 듯했으며 추방되기 전과 마찬가지로 온갖 유용한 학문에 전념한 모습이었다. 이 예기치 못한 모습에 깊이 감명받은 브루투스는 정작 추방된 자는 미둘레네에 남은 마르켈루스가 아니라 자신인 듯한 느낌을 받았다.

이런 일이 있기 몇 해 전 퀸투스 메텔루스 누미디쿠스 Quintus Metellus Numidicus(로마의 장군이자 정치가. 기원전 109년의 집정관_옮긴이)도 비슷한 일을 겪었다. 로마인들이 마리우스Marius의 지휘 아래 카이사르가 완성한 독재의 기반을 다지는 동안 메텔루스는 분개한 원로원 가운데 홀로 섰다. 격노한 대중에 둘러싸인 그는 호민관 사투르니우스Saturnius의 악독한 법에 따라 강요된 서약을 거부하기에 이른다. 그리고 그의 대담한 행위는 당파의 주장에 따라 국가에 대한 중대 범죄로 바뀌었다. 결국 그는 부도덕한 무리에 의해 의원석에서 끌려 나가 공개 탄핵이라는 수모를 당한 후 영구 추방을 선고받았다. 보다 도덕적인 시민들은 무기를 들고 일어나 그를 방어하며 그토록 훌륭한 가치를 국가가 박탈하는 광경을 지켜보느니 차라리 죽겠다고 결의했지만, 그 어떤 설득에도 그릇되게 행동하지 않는 이 고결한 로마인은 저항을 부추겨 연방의 혼동을 증대시키길 거부했으며, 자신으로 인해 난동이 일어나지 않도록 하는 것이 법적 의무라고 여겼다. 자신의 결백을 주장함으로써 자족한 그는 대중의 광분을 한탄스러워했고, 아테네 연방에 소요 사태가 벌어졌을 때 플라톤이 그러했듯 다음과 같이 외쳤다. "시간이 흘러 문제가 해결되면 내 지위는 회복될 것이요, 만일 그렇게 되지 못한다면 로마를 떠나 있는 편이 오히려 행복일 것이다." 그는 이 말을 남기고 한 치의 후회도 없이 추방지로 떠났다. 타국이 아니고서는 쉴 수 없는 그에겐 추방이 오히려 이득임을 잘 알고 있던 것이다. 만일 그가 로마에 머물렀다면 매시간 병들어 가는 국가와 꺼져가는 공화국의 광경에 끊임없이 괴로워했을 터였다.

루틸리우스Rutilius(로마의 장군이자 법학자_옮긴이) 역시 당대의 정서와 생활 방식에 환멸을 느껴 공화국의 부패한 도시를 자진해서 떠난 인물이다. 그는 청렴하고 용기 있는 태도로 터무니없고 강압적인 세리들의 착취에 맞서 아시아를 지켜냈다. 이처럼 고결하고도 기백 넘치는 그의 행동은 오로지 드높은 정의감에서 발현된 것으로, 그가 자신의 직무에 따른 특정 임무를 명예롭게 수행하고자 함이 아니었다. 결국 그러한 그의 태도는 기사단의 분노를 샀고, 마리우스파의 적개심을 불러일으켰다. 그들은 비열하고 악명 높은 아피키우스Apicius를 루틸리우스의 파멸 도구로 삼았고, 그는 끝내 부패 혐의로 기소되었다. 이 거짓 기소의 입안자와 교사자들이 재판의 판사를 맡음에 따라 가장 결백하고 도덕적인 공화국 시민이었던 루틸리우스는 자연히 유죄 선고를 받기에 이르렀다. 그가 자신의 변호를 위해 지조를 꺾는 일은 없었다. 동방에서 피난처를 물색한 이 훌륭한 로마인은 파렴치한 조국으로부터 그 가치를 평가절하당했을 뿐 아니라 비방받기에 이르렀지만, 다른 어느 곳에서든 크나큰 존경과 무조건적인 찬사를 받았다. 그러나 추방 기간이 다하기 전에 그는 자신이 받은 대우에 대해 느낀 경멸을 드러낼 기회를 얻었다. 그건 바로 실라Sylla가 로마로 귀국할 것을 그에게 진심으로 간청했을 때였다. 그는 실라의 요청에 따르지 않았을 뿐 아니라 광기 어린 그의 조국으로부터 더 멀리 떨어진 곳으로 거주지를 옮겨버렸다.

키케로는 고독을 유쾌하고 이롭게 할 모든 원천과 정서를 풍부하게 갖추었음에도 행복하고 만족스러운 추방 생활의 사례에서 제외된 인상적인 인물이다. 웅변에 능한 이 애국자는 한때 '조국의 구세주'로 선포된 바 있으며 극단적 당파와 무장한 암살범의 공공연한 위협에 맞서 굴하지 않는 인내로 자신만의 기준을 좇았으나, 추방 선고를 받음과 동시에 낙담과 실망의 나락으로 떨어지고 말았다. 끊임없는 불안과 피로로 인해 그의 체력은 손상된 지 오래였다. 더불어 추방에 대한 공포가 마음을 짓누른 탓에 가진 힘을 죄다 소진하고 우울해진 그는 타당한 감정을 채택하거나 적극적 입장을 고수하기 어려워졌다. 이처럼 나약하고 떳떳하지 못한 처사로 인해 그는 신의 섭리가 그의 영광을 완성하려 계획한 일을 그르치고

고독에 관하여

말았다. 목적지도, 해야 할 일도 결정하지 못한 채 나약한 한숨과 유치한 눈물로 마냥 한탄에 빠져 지낸 까닭에 그는 더 이상 호사스러운 부와 훌륭한 지위, 명성의 매력을 즐기지 못했다. 클로디우스Clodius가 무너뜨린 거대한 저택의 폐허 앞에서 슬퍼하고 오래지 않아 갈라서게 된 아내 테렌티아Terentia의 부재에 신음한 그는 깊고 깊은 우울감에 마음을 잠식당해 괴로워했다.

크나큰 슬픔에 시달린 그는 바라는 것을 얻고자 쓰라린 고통을 호소했고, 정작 바라던 걸 손에 넣게 되더라도 이를 오롯이 즐기지 못했다. 더욱이 너무도 터무니없이 행동한 나머지 그의 벗들은 물론, 적들마저 그가 심한 역경을 견디다 못해 미쳐버렸다고 단정 짓기에 이르렀다. 적의에 찬 카이사르는 그런 그의 모습을 남몰래 즐기며 지켜보았다. 자신의 부관이 되기를 거절한 사내가 클로디우스의 채찍 아래 괴로워하고 있었으니 말이다. 그런가 하면 폼페이우스는 언젠가 자신이 저버린 후원자 키케로가 자신의 성향을 폭로한 것에 대해 경멸과 조롱을 퍼부으며 배은망덕을 저질렀다는 모든 자책이 사라지길 바랐다. 화려함과 재물을 좇으며 기회주의적 성향으로 인해 그 어떤 당파에도 이름을 올리지 않은 채 두루 친분을 유지하고자 했던 아티쿠스Atticus는 키케로의 떳떳하지 못한 행실을 수치스러워했다. 그는 자신의 그럴싸한 방언 섞인 어투 대신 카토Cato의 비판적 어조를 빌어 그토록 비겁하게 과거의 부에 집착하는 키케로를 맹렬히 비난했다. 그토록 나약하고 침체된 나머지 모든 대상을 최대한 부정적으로만 바라보게 된 이에겐 고독도 아무런 영향력을 미치지 못했다. 다만 그는 살아 있을 때보다 죽음을 목전에 두고 훨씬 더 큰 영웅 의식을 발휘하는 듯했다. 키케로는 과거 자신의 의뢰인으로서 당장에 자신을 죽이려 드는 포필리우스 라이나스Popilius Laenas를 향해 이렇게 외쳤다. "노병이여, 이리 오라! 할 수 있다면 내 삶을 앗아가 보게나."

볼링브룩 경은 다음과 같이 말한다. "이러한 사례들로 미루어 짐작해 볼 때 장소의 변화는 누구에게든 불행을 초래할 수 없다. 또한 지혜롭고 도덕적인 자를 대상으로 하진 않겠지만, 사악한 무리가 추방에 반기를 들더라도, 그들을 비참하게 만들 순 없는 노릇이다. 돌의 딱딱함과 얼음의 차가움처럼 사람이 느끼는 감정은 같은 법이다. 운이 불러오는 행과 불행은 다른 누구도 아닌 우리가 품은 자질에 따라 달리 느껴진다. 행운이란 본래 무심한 데다 우연히 벌어지는 일로 우리의 악함이나 나약함을 통해 힘을 얻는다. 무릇 운이란 우리가 그에 협조하지 않으면 행도 불행도 선사하지 않는 법이다. 재산을 잃어 불행한 자라면 그것을 가졌다 해도 좀처럼 행복해질 수 없다. 또한 추방으로 인한 이점을 누릴 수 있는 자는 설령 그 이점을 박탈당했다 해도 불행해지지 않는다."

추방된 자는 세속에서의 모든 임무를 양심적으로 내려놓은 다음에야 전원생활의 기쁨과 철학적 휴식을 누리며 평화로운 나날을 보낼 수 있을 것이다. 전성기의 화려했던 순간만큼이나 퇴락한 후에도 그 위대함을 유지한 인물들은 하나같이 후대에 선례로 남을 만큼 정직하고 청렴했던 까닭이다.

V | 노년과 임종 시 고독의 이점

나이가 얼마나 많든 간에 참된 즐거움은 누구든 누릴 수 있는 법이다. 고결한 노인은 평온한 유쾌함과 더불어 하루하루를 보내며 지난날의 정직함과 성실함을 충분히 보상받는다.

SOLITUDE

인생의 말년, 즉 노년기에 이르러서는 끊임없는 즐거움의 지극히 순수한 원천을 고독으로부터 이끌어낼 수 있다. 노년은 비교적 정적인 휴식의 기간이자 일시적 존재와 다가올 불멸 사이의 진지하고 묵상적인 휴지기로 간주될 때 비로소 생의 가장 유쾌한 시기로 자리매김한다. 이 시기에 경험하게 되는 고독은 짧지만 위험한 생의 여정에서 나약한 인간이 끊임없이 마주하게 되는 거센 폭풍우에 맞서 안정적인 피난처를 제공한다. 인간은 그 피난처에 안전하게 몸을 숨긴 채 자신을 파멸로 이끌 뻔했던 온갖 생의 굴곡과 힘든 상황을 지켜보며 거기서 벗어났음에 기뻐한다.

본디 인간이란 자신의 성향에 대해 깊이 생각하기에 앞서 동떨어진 대상들의 다양한 특성을 파헤쳐 보고자 하는 법이다. 마치 현대의 여행자들이 자국에 익숙해지기도 전에 외국을 들락거리는 것처럼 말이다. 그러나 신중함이 젊음에게 권하고 경험이 노인에게 이르듯, 그들은 그러한 신조를 매우 달리해 행동해야 마땅할 것이다. 양쪽 모두 끝내는 깨닫게 될 테다. 고독과 자기반성이야말로 참된 지혜의 시작과 끝임을.

아! 미덕을 모르고, 떳떳함을 모른다네.
영혼의 고결한 부름마저 알지 못하지!
고독한 가운데 홀로 사유하는 자.
달콤한 교감, 원대하고도 드높은 교감이라.
이성과 수호천사, 우리의 신이여.
모두가 멀리 있을 때 이들과 가까이하네.
다른 모든 것들과 멀어져도 이들은 곁에 두지.

이 원대하고도 드높은 교감을 통해 젊음의 경솔함은

수그러들고 노년에 이따금씩 찾아드는 우울감마저 완전히 자취를 감춘다. 끝도 없이 이어지는 들뜬 희망과 유쾌한 바람, 열렬한 소망, 드높은 기쁨, 허무맹랑한 공상 따위는 어린 시절의 우리를 이룬다. 그러나 그 뒤를 잇는 건 우울감과 커져만 가는 슬픔이다. 우리의 마음은 관찰과 경험을 통해 활력을 되찾고 온갖 화려함과 삶의 역경 속에서도 굽히지 않고 동요하지 않는다. 더 이상 권한을 행사하지 않아도 되며 과거 인간이 살아가는 방식을 깊이 연구한 자라면 자신의 호의와 염려가 감사히 받아들여지지 않더라도 거의 불평하지 않을 것이다. 그는 세상이 자신을 홀로 내버려 두길 바랄 따름이다. 자기 자신은 물론 인간에 대해 완벽한 지식을 갖춘 그는 휴식이 선사하는 위로를 즐길 줄 아는 것이다.

노년의 모습들

어느 저명한 독일인이 언급한 바에 따르면 카르투지

오회Carthusians는 정치적 교단과 종교적 교단으로 나뉘며 양쪽 모두 훌륭하고 경건한 인물들을 보유한다. 이 훌륭한 작가는 다음과 같이 말한다.

"깊고도 한적한 숲으로 물러나 있을 때라야 평온한 현자와 고요한 관찰자, 진실한 벗, 애국자와 조우할 수 있다. 그는 그 지혜로 사랑받고 그 지식으로 숭배된다. 또 그 진실함으로 존경받고 그 자비로 흠모를 받는다. 모두가 그의 신뢰와 우정을 갈망한다. 유려한 그의 화술은 감탄을, 그의 선행은 존경을 불러일으키며, 그가 아직 무명으로 남아 있다는 사실과 그가 살아가는 방식은 경탄을 자아낸다. 들뜬 군중은 그가 고독에서 벗어나 왕좌에 앉길 간청하지만, 곧 그의 이마에 새겨진 글귀가 성화로 빛나고 있음을 알아차린다. 그리하여 그들은 그를 유혹해내는 대신 그의 제자가 되기에 이른다."

아! 그러나 수년 전 베테라비아Weteravia에서 목격한 이 훌륭한 인물은 이제 더 이상 찾아볼 수 없다. 그는 효를 숭배하고 소중히 여기도록 내게 영감을 불어넣었으며, 그 활기찬 표정은 뛰어난 지혜와 행복한 평온함을 드러냈다. 아마 당시엔 그 어떤 궁에서도 그처럼 해박한 정치인은 찾아볼 수 없었을 것이다. 그는 모든 이들과 친밀한 관계를 유지했으며 가장 저명한 유럽의 군주들과 서신을 주고받았다. 나는 여태 그토록 신속하고 정확한 총명함으로 사람의 마음과 성향을 꿰뚫어 보는 관찰자를 만나본 적이 없다. 세상을 향한 그의 견해는 더없이 실제적이었으며, 각계에서 중요한 역할을 수행하는 자들의 처신에 대해서는 정확한 안목을 바탕으로 한 비평을 내놓았다. 그는 누구보다 자유롭고 원대하며 강인하고 또 매력적인 정신의 소유자였다. 또 그의 눈은 생기와 호기심으로 반짝였다. 그야말로 그 누구보다 함께 있을 때 제일 즐겁고 가장 큰 위안을 받으며 눈을 감을 수 있는 벗이었다. 그가 기거한 전원의 거처는 구조가 단순하고 외관이 소박했으며, 주변 부지와 정원은 간결미가 돋보이는 자연 속에 녹아들었다. 그의 식사는 건강하고 소박했다. 베테라비아에서 행복한 고독에 잠겼던 이 위인을 떠올릴 때마다 내 가슴은 비할 데 없이 강력한 매혹에 사로잡히곤 한다.

마지막 순간이 도래함을 감지한 루소 역시 생의 남은

몇 년을 고독 안에서 보냈다. 노년에 접어든 그는 가장 훌륭한 작품들을 집필해냈다. 다만 그는 세상의 박해로 인해 마음을 크게 다친 나머지 은둔의 나무 그늘 아래에서도 완전한 평온을 누릴 수 없었다. 삶이 불만족스러웠던 루소는 줄곧 자신의 위태로운 상황에 무관심했고, 마음의 고통과 신체적 질병, 등한시해 온 건강 상태로 인해 급기야 회복 불능의 상태에 이르고 말았다. 수년에 걸쳐 의사들에 의해 고통받고 병마에 시달리며 괴로워한 끝에 그는 펜을 집어 들었다. 세월이 지남에 따라 그의 정신적, 신체적 고통의 영향은 확연히 드러났고, 너무도 극심한 고통에 시달린 그는 종종 미친 듯 악을 써 대거나 혼절하기에 이르렀다.

"루소가 말년에 쓴 글은 죄다 그의 광기를 반영한다." 어느 교양 있는 비평가가 남긴 이런 말에 그의 올곧은 벗들은 다음과 같이 응수했다. "사실을 말하자면 그러하다. 하지만 그가 너무도 유쾌하게 소리를 질러댄 탓에 우린 기꺼이 그와 더불어 미쳐 날뛰었다."

무릇 우리의 정신은 죽음의 경계에 가까워질수록 '수

호천사와 신'을 더 찾게 된다. 젊음의 열정이 사그라지고, 한낮의 짧은 열기가 저녁의 부드러운 평온과 신선한 고요 속으로 가라앉을 때, 우리는 문득 두 눈을 감고 끝없는 밤의 어둠 속으로 빠지기 전 단 몇 시간만이라도 경건한 명상에 몰두해야 함을 느낀다. 더불어 이처럼 신성한 휴식을 누리며 신과 성스러운 교감을 시도함으로써 우리의 마음은 되살아난다. 마치 따분하고 음울하며 고통스러운 겨울이 지난 후 봄이 다가오듯이 말이다.

페트라르카는 노년이 다가옴을 좀처럼 알아차리지 못하는 듯했다. 지속적으로 활동을 이어간 그는 은둔 생활을 늘 행복하게 꾸렸고, 겉으로 드러나지 않더라도 해마다 즐거움과 평온함을 누리려 했다. 어느 날 페트라르카는 밀라노에서 5킬로미터가량 떨어진 카르투지오 수도원 근처 나무 그늘에 앉아 요즘은 찾아보기 힘든 소박한 마음으로 그의 벗 세티모Settimo에게 편지를 썼다.

"지친 여행자가 그러하듯 내 여정의 끝에 가까워짐에 따라 속도를 높이고 밤낮으로 읽고 쓰기에 전념한다네. 이 두 가지 유쾌한 소일거리들은 번갈아 가며 서로의 지루함을 덜어주며, 내게 즐거움을 선사하는 유일한 원천일세. 나는 잠들지 않고 가만히 누워 생각에 잠긴 채 힘이 닿는 한 모든 수단을 동원해 마음을 환기시키려 하지. 새로운 난관이 발생하면 내 열정도 커지기 마련일세. 저항하려는 내 마음은 새로움으로 고무되고 장애물을 만나 더욱 강렬해진다네. 나는 펜을 잡고 있기 힘들 정도로 열심히 견디며 일한다네. 그러나 내 노역에 대한 수확물을 손에 쥘 수 있을지에 대해선 장담할 수 없다네. 내 이름을 후대에 남겼으면 하지만, 이 소망이 이루어지지 못할 땐 내가 살아가는 현시대에 알려지는 선에서 만족하겠네. 혹은 적어도 내 벗들만이라도 나를 알아준다면 나는 그 정도의 명성으로 족하다네. 나는 너무도 건강하고 신체는 견고한 데다 기질마저 온화하므로 세월이 흐르고 힘든 일이 있더라도 나를 끊임없이 공격하는 반항적 적군을 정복해 내진 못할 걸세. 물론 난 여태 그래 왔듯 그 적의 희생양이 되겠지. 만일 신의 섭리가 비호해 주지 않는다면 말일세. 봄이 오면 육신에 맞서 무기를 든다네. 그리고 바로 이 순간에도 위협적인 이 적군에 대항해 자유를 지키려 분투하고 있네."

하나 인적이 드물고 잘 알려지지 않은 전원으로의 은

둔은 노년에 세상을 등지고 남은 나날을 고독한 가운데 보내려는 위대하고 고결한 인물들의 명성을 끌어올릴 수 있다. 은둔의 시기에 그들이 발하는 빛은 젊은 날 영광의 무대에 선 그들을 감쌌던 그것보다 더 눈부시게 빛나는 법이다. 포프는 이렇게 말한다. "가장 고결한 고대 인물들은 고독 안에서, 추방지에서, 그리고 임종의 침상에서 가장 눈부신 빛을 발했다. 그때야말로 그들이 훌륭한 본보기가 된 시기이므로 그 기간 동안 그들은 최고의 성과를 빚어냈다."

루소 역시 이와 같은 견해를 드러낸 바 있다. "사람들에게 그들이 살아야 할 삶의 전형을 보여주는 건 고결한 일이다. 고령이나 쇠약해진 몸 상태로 인해 활동할 수 없음에도 은둔하며 널리 진실의 목소리를 울리게 하고, 사람들을 비참하게 만드는 견해의 어리석음을 알리는 자야말로 이 사회의 은인인 셈이다. 은둔할 때에 비해 국민들과 더불어 생활할 때, 나는 그들에게 훨씬 도움이 되지 못할 것이다. 사실 맡은 바 임무를 제대로 수행한다면 살아가는 장소가 그리 중요하겠는가?"

반면 독일의 어느 젊은 여성은 루소가 칭송받을 만한

자격이 없다는 견해를 드러낸 바 있다. 그녀는 그가 젊은 이들의 정신을 타락시키는 위험한 인물이며 자신의 본분을 다하지 못했다는 입장을 고수했고 그의 《고백록》에서 도덕적 결함과 악한 의향을 포착해 내기에 이른다. 그녀는 다음과 같이 말한 바 있다.

"덕스러운 자가 쓴 그와 같은 작품은 그를 혐오의 대상으로 전락시킨다. 하지만 루소의 작품은 널리 유포되어 사악한 자들을 사로잡은 바, 뤼방 볼르Ruban Vole에 관해 쓴 이야기만 보더라도 그가 흑심을 품었음이 드러난다. 해당 출판물의 여러 구절이 증명하듯 그의 펜을 이끈 건 오롯이 자만심이었으며, 그는 자신이 거짓을 폭로한다고 여겼으리라. 요컨대 그의 작품 전반에 걸쳐 진실의 자취라곤 찾아볼 수 없다. 그 작품이 시사하는 바라곤 바랑 부인Madame de Warens이 줄리아라는 작품 속 인물의 원형이라는 사실뿐이다. 이렇듯 이치에 맞지 않게 칭송받은 그의 《고백록》은 전반적으로 화려한 미사여구가 많이 포함되어 있으나 그 안에서 훌륭한 사상이라곤 거의 찾아보기 힘들다. 만일 그가 삶을 발전시킬 수 있는 모든 기회를 거부하는 대신 차라리 근면을 요구하는 일에 종사했더라면, 그토록 유해한 글을 펴내는 것보다 세상에 더 이롭게 기여했을 법하다."

루소에 관한 이 비길 데 없는 비평은 분명 보존 가치가 있다. 바로 이것이 그에 관한 유일한 혹평인 까닭이다. 물론 루소의 《고백록》은 젊은 층의 눈에 부적절하게 비칠 수 있는 작품이다. 그러나 적어도 내겐 그것이 현대에 소개된 작품들 중 가장 주목할 만한 철학적 출판물인 듯하다. 그 세련된 문체와 글의 매혹적인 색깔만 해도 그 자체로 충분한 가치가 있다 하겠다. 머나먼 후대의 독자들은 이 위대한 작가가 자신의 지성을 입증한 이 마지막 작품을 써냈을 때 과연 몇 살이었는지 묻지도 않은 채 황홀하게 그의 글을 읽어 내려갈 것이다.

온전히 홀로 남게 된 시간

나이가 얼마나 많든 간에 참된 즐거움은 누구든 누릴 수 있는 법이다. 고결한 노인은 평온한 유쾌함과 더불어 하루하루를 보내며 자신을 둘러싼 축복을 통해 행복을 느낌으로써 지난날의 정직함과 성실함을 충분히 보상받는다. 이는 그가 명예롭고 스스로 칭찬할 만한 일들을 기쁜 마음으로 돌아보는 까닭이다. 따라서 점점 다가오는 죽음도 걱정에 사로잡히지 않은 굳건한 그의 영혼에 두려운 감정을 심지 못한다.

마리아 테레사Maria Theresa 황후는 스스로 자신의 묘를 세우고 종종 가족과 함께 그 기념비적 공간에 들러 평온하고 침착하게 그곳을 둘러보았다. 그럴 때마다 함께한 거의 모든 이에게 괴롭고도 불안한 마음이 전달되곤 했다. 그녀는 자녀들에게 무덤을 가리키며 이렇게 말했다. "몇 년 후 황족의 유해가 고요히 안식하게 될 이 무덤을 바라보는 우리는 이를 자랑스럽게 여기고 자부심을 품어야 하지 않겠는가?"

사실 그처럼 숭고한 사고를 할 수 있는 이는 드물다. 하지만 누구나 적어도 가끔은 부패한 세속에서 벗어나 은둔할 순 있다. 고요한 은둔 안에서 그들은 영화로웠던 지난날을 되짚어보고 남은 생을 개인적 미덕과 공익을

고독에 관하여

위해 살아내는 법을 터득한다. 따라서 무덤의 위협적 면모는 사라지고 죽음마저 즐거웠던 어느 날의 조용한 저녁과 같이 여겨질 따름이다.

"가볍게 내려앉은 저 성스러운 손을 축복하라
마침내 내 마음도 이 겸허한 안식처에서 쉬게 되었나니
세상은 위협적 바다 위에 뜬 위풍당당한 한 척의 배
유쾌해 보이지만, 위태롭게 떠 있는 우리
여기, 널빤지 하나에 의지한 채 해안에 당도했네
멀리 소란스러운 사람들의 소리가 들려오네
먼바다의 폭풍은 잠잠해지고
조용히 잠자코 그 풍경을 지켜보나니
뜻하는 바를 좇고 죽음의 두려움에 맞서네
오두막에서 밖을 내다보는 양치기와 같이
갈대를 스치고 지팡이에 몸을 기댄다네
열정적 야망의 맹렬한 추격을 목도하고
떠들썩하게 사냥하는 자들을 본다네
법의 울타리가 무너지고 정의의 언덕을 뛰어넘는
쫓고 쫓기며 서로의 희생양이 되지

약탈을 일삼는 늑대와 간계에 능한 여우들처럼

죽음이 찾아올 때까지, 저 힘센 사냥꾼들이

모두를 잡아 끌어내릴 때까지."

애디슨Addison(영국의 평론가이자 시인_옮긴이)은 주치의
가 자신을 포기했음을, 그와 더불어 마지막 순간이 다가
옴을 알아차리고는 워릭Warwick 경을 불러들였다. 워릭은
꽤나 불규칙하게 생활하며 엄격하지 못한 사상을 가진
젊은이로, 애디슨이 줄곧 되찾으려 애썼지만 결코 스승
에게서 존중받길 희망하지 않았다. 그가 죽어가는 벗 애
디슨의 방에 들어섰을 땐 어마어마한 침묵이 감돌았다.
애디슨은 매우 쇠약해진 상태로 입술을 떨며 간신히 말
을 내뱉을 수 있는 정도였다. 한참 동안 잠자코 있던 젊은
이는 낮고 떨리는 음성으로 마침내 입을 열었다.

"선생님, 저를 보고자 하셨다고요. 말씀을 주시면 그에
따라 충실히 이행하겠습니다." 애디슨은 그의 손을 잡고
꺼져가는 숨을 내쉬며 이렇게 말했다. "기독교도가 얼마
나 평온하게 숨을 거두는지 지켜보게." 그와 같은 위안은
신성한 종교의 원칙에 대한 적절한 지각과 그 계율의 올

고독에 관하여

바른 실천을 통해 샘솟는 것으로, 소박하고 결백한 삶이 선사하는 지극한 보상이다.

낮이면 학업에 정진하고 고요한 밤이 오면 계시록의 위대한 교리를 경건히 묵상하는 자라면 그 효과를 체험함으로써 자신의 능력에 대한 확신에 이를 것이다. 그는 지난날 사회에서 범한 잘못을 침착하게 되짚어보고 현재 고독 안에서 누리는 위안을 만족스럽게 인지하며 향후 천국에서 맛볼 행복을 열망할 것이다. 그는 철학자의 자유로움으로 사고하고 기독교도의 독실함으로 살아가며 사회의 온갖 해로운 쾌락을 쉽사리 포기할 것이다. 이는 그러한 쾌락으로 인해 정신적 에너지가 약화되고, 그의 마음이 신을 향해 고취되지 못할 거란 확신이 섰기에 가능한 일이다. 공적 생활의 헛됨과 어리석음에 혐오를 느낀 그는 홀로 은둔하며 영원의 중요성을 되새긴다. 비록 여전히 분주한 삶이라는 거센 바다를 헤치고 나아가야 할지라도 그는 보다 향상된 기술과 신중함으로 자신을 에워싼 바위와 모래를 피해갈 것이다. 더불어 무엇보다 자신의 파멸을 위협하는 폭풍에 대해 더욱 커진 확신과 느낌으로 거센 물살을 헤쳐 나갈 것이다. 그는 기분 좋은 바람과 청명한 하늘이 자아낸 쾌적한 항로에 기뻐하기보다 그토록 수많은 위험 요소들을 무사히 피해 왔음에 흐뭇해한다.

고독한 가운데 신을 축성하는 시간은 가장 중요할 뿐 아니라, 우리가 그 신성한 교감에 익숙해지는 순간 삶의 가장 행복한 시간으로 다가온다. 인간을 빚어낸 위대한 창조주를 향해 우리의 생각을 고요히 고양시킬 때면 우리는 자신을 응시하게 된다. 또한 생각을 통해서만이 아닌 실질적으로 영원한 행복에 더 가까워짐을 의식하게 되면서 우리는 한 치의 후회도 없이 세속의 시끌벅적한 군중으로부터 물러나 멀어진다. 종의 본질에 관한 철학적 관점과 완전한 이해가 서서히 마음을 파고듦에 따라, 우리는 보다 철저히 자신의 성향을 살피고 개혁의 필요성을 한층 더 느끼며 우리가 창조된 이유인 영광스러운 종국을 크나큰 감동과 함께 돌아보게 된다. 또한 가장 순수한 미덕이라는 동기에서 발현된 행동만이 전지전능하신 하느님의 마음에 받아들여진다는 점을 고려할 때, 모든 선행은 때 묻지 않은 원천에서 솟아나며 인류의 공익

고독에 관하여

을 위해서만 수행되어야 함을 우리 인간은 받아들여야 한다.

인간의 행동은 다양한 부차적 원인의 영향을 받으므로 늘 공정한 마음에서 야기되는 순수한 산물이라 할 순 없다. 그렇다 하더라도 선행은 그 동기가 무엇이든 늘 만족과 여유를 마음에 선사한다. 다만 선행을 행하는 자의 참된 자격을 알아보고자 한다면 우선 그 마음이 형제애를 토대로 한 동정심이 아닌 사악한 관점이나 순간의 열정에 부응하려는 의도, 혹은 자기애에 의해 발동된 것인지부터 살펴야 할 것이다. 더불어 그 어떤 상황에 처했을 때보다 신 앞에 홀로 남게 된 그 시간 동안에야말로 이처럼 미묘하고도 중요한 문제를 면밀히 검토하게 되며, 마음을 움직인 동기에 대해서도 좀 더 진지하게 탐구할 수 있게 된다.

사실 확고하고도 흠 없는 미덕은 고독의 나무 그늘 아래에서 종교의 계율을 행하는 것만큼 수월하고 효과적으로 습득할 수 있는 것이 아니다. 모름지기 종교는 도덕적 관념을 다듬고 온갖 헛된 바람으로부터 마음을 분리시킨다. 뿐만 아니라 불운을 마주했을 때 마음을 평온하게 하며 신 앞에선 겸허하게, 그리고 인간 사회에서는 동요하지 않도록 해준다. 미덕을 실천하며 살아간다면 맡은 바 소임을 수행하는 데 바친 그 모든 시간이 풍성한 보답으로 돌아올 것이며, 고독의 침묵 가운데 정갈한 두 손과 순결한 마음을 들어 올려 전지전능하신 신을 경배할 수 있게 되리라! "이 세상에서 쓰이는 모든 것들은 그 얼마나 천박하고 맥이 빠지며 무익하던가."

반면 우리의 정신은 이 천박한 영역 너머로 대담히 솟구쳐 오른다. 그리고 결백하며 도덕적인 삶의 산물인 기쁨이 천국의 행복과 희미하게나마 유사하다는 사실에 빠져들지 않던가! 적어도 사고와 행동의 거리낌 없는 무한한 자유와 자연의 보편적 체계에 대한 경탄, 신성한 본질의 개입, 우정의 완벽한 교감, 순수한 사랑의 교환이야말로 그 어떤 불순하거나 부적절한 감정이 마음을 더럽힐 수 없는 평화와 행복의 영역 안에서 우리가 경험하고자 하는 즐거움에 해당한다고 보아도 좋겠다. 우리의 상상력을 돋보이게 하는 이러한 생각은 이 끔찍한 주제를 희미하게 비출 따름이지만, 그렇다 하더라도 그러한 생각은 꿈과 환상처럼 계속되어야만 한다. 죽음의 무덤을 에워싼 구름과 짙은 어둠이 영생의 눈부신 영광을 더 이상 가리지 않을 때까지, 그리고 그 장막이 갈기갈기 찢기고 마침내 본 적도 들은 적도 없으며 모든 이해를 초월하는 그것을 영원히 드러낼 때까지는 말이다. 깊은 숭배와 침묵의 굴복으로 인정컨대 인간의 지성이 받아들이는 영원에 대한 지식은 맹인의 마음에 떠오른 진홍빛과 같으며 그는 그것을 트럼펫 소리에 비유하곤 한다. 하나 영원히 꾸준하고 끊임없는 평온함을 보장한다는 것보다 더 편안한 생각은 떠올릴 수 없을 듯하다. 물론 끝없는 행복이 낳은 즐거움의 본질에 관해 적절한 생각을 형성한다는 것 자체가 불가능하다는 건 잘 알고 있는 바다. 개인적 소견으론 끊임없는 평온함이야말로 우리가 누릴 수 있는 최고의 행복에 해당한다. 그건 바로 평화로운 정신과 자족한 마음에서 우러난 행복보다 더 큰 행복은 알지 못하는 까닭이다.

그러므로 내적인 평온함과 외적인 평온함은 참된 행복의 시작이며, 떠들썩한 세상을 뒤로한 채 이성적이고 적절한 은둔을 택함으로써 인간의 영적 능력은 더없이 개선될 것이다. 그리하여 우리는 '더없이 행복한 고독'을 통해 다가올 세상에서 누리고자 하는 행복의 요소를 찾게 된다.

> 그는 행복한 자일지니, 그의 삶은 지금도
> 다가올 더 행복한 생의 조짐을 보이네
> 잘 알 수 없지만 평온한 상태에 있는 자,
> 그에 만족하고, 자유로운 선택이 허락된다면
> 운명을 택할 수 있으리
> 평화로운 자, 미덕의 열매를
> 선한 자, 믿음의 열매를
> 행복에 대비할지니, 그는 보게 되리
> 만족이 머무는 것을
> 하늘 아래 그의 보금자리가 있나니
> 세상이 그를 바라보네.
> 그 무엇보다 빛나는 대상을 찾아 헤매며
> 그녀만큼이나 진심으로 임하는
> 그러나 그는 보다 초연히 세상을 바라본다네.

그가 누리는 즐거움을 경멸하네

즐거움이 아님을 알기에

그 또한 그녀의 것을 추구하지 않지

그것이 헛됨을 입증했기에.

희귀한 새들처럼 땅을 스치진 못하네

유려한 비행을 꿈꾸며, 그는 우러러보네

그 영광을, 보상을, 그리고 그 기쁨을.

그러므로 사색에 잠길 수 있음은 지복이라

그것은 그의 힘, 땅으로부터 들어 올려져

보이지 않는 천국에 가까워지도록

누구도 보지 못한 영광을 펼치리라.

요한 치머만의 생애

요한 게오르크 치머만Johann Georg Zimmerman은 1728년 12월 8일 스위스 베른주의 브뤼그라는 한 작은 마을에서 태어났다.

그의 아버지는 지방 의회 소속으로, 유능하고 화술에 능했다. 그의 어머니는 양식 있고 온화한 태도를 지닌 여성으로 겸손을 미덕으로 여겼다. 또한 그녀는 뛰어난 학식과 능력을 인정받아 파리 의회까지 진출한 저명한 파체Pache의 딸이기도 했다.

치머만의 아버지는 유능한 교사들의 도움을 받아 핵심 과목의 기초뿐 아니라 온갖 부차적인 내용에 이르기까지 치머만을 열성적으로 교육했다. 치머만은 열네 살이 되던 해 베른대학에 진학해 사학자이자 수사법 교수인 키르히베르거Kirchberger와 저명한 그리스어 교수인 알트만Altman 밑에서 3년간 수학하며 언어학과 순수문학을 익혔고, 줄곧 성실하고 집중력 있는 태도로 학업에 임했다.

　대학에서 거의 5년을 보낸 후 치머만은 그간 축적해 온 지식을 실생활에 적용해 보고자 했다. 지인들에게 자신의 이러한 의중을 개략적으로 언급한 그는 곧장 의술을 연구하기로 결심한다. 당시 이름을 떨치던 할러Haller(스위스 생물학자_옮긴이)는 조지 2세의 명으로 지위가 승격되어 괴팅겐대학의 교수직을 맡았고 전 유럽에 명성이 자자하던 차였다. 치머만은 이 위대하고 저명한 석학의 조력 하에 의술을 익혔다. 1747년 9월 12일 괴팅겐대학에 입학한 그는 1751년 8월 14일 학위를 취득하기에 이른다. 강도 높은 학업에 지친 정신에 휴식을 주고자 치머만은 영어를 익히기 시작했고 정중하고 품격 있는 영문학에 아주 능숙해졌다. 그리하여 셰익스피어와 포프, 톰슨과 같은 영국 출신 시인들은 평소 선호한 호머, 베르길리우스와 같은 작가만큼이나 그에게 친근한 존재로 자리 잡았다. 그렇게 괴팅겐 대학에서 보낸 4년간의 매 순간이 그의 정신적 수준 함양에 기여했다고 할 수 있겠다. 1751년에 이르러 치머만이 집필한 작품은 그의 뛰어난 천재성을 드러내며 훗날 해외로까지 널리 알려지게 된다. 베른에 머문 초기에 그는 다양한 주제를 다룬 여러 편의 훌륭한 에세이를 〈헬베틱 저널Helvetic Journal〉에 실었다. 할러의 재능과 학식에 관한 글 역시 그중 하나였다. 그의 벗이자 후원자의 공을 치하한 이 감사의 헌사는 이후 학자이자 철학자, 의사, 그리고 한 인간으로서 할러의 삶과 작품을 논한 한 편의 역사적 기록물로 확대 편찬된다.

괴팅겐대학을 떠나게 된 할러는 베른시로 돌아가 치머만의 조력에 힘입어 퇴락한 자신의 위상을 되찾고자 했다. 할러의 가족 중에는 그의 친척 뻘인 젊은 여성이 있었는데, 그녀의 처녀적 이름은 멜리Mely로 M. 스텍이라는 이름의 남편과 사별한 터였다. 치머만은 매력적인 그녀에게 깊이 매료되어 청혼했다. 그렇게 둘은 서로의 마음을 확인한 후 정식으로 부부가 되었다.

고독에 관하여

이 상냥한 여성과 부부가 되고 나서 얼마 지나지 않아 브뤼그 시내의 의사 자리가 비었고, 주민들의 요청에 따라 치머만이 그 직책을 맡았다. 이에 그는 베른에서 누린 즐거움과 혜택을 뒤로하고 고향으로 돌아와 평생토록 정착하고자 했다. 그러나 문학적 삶을 마음껏 추구하기가 어려워짐에 따라 그는 자신의 본업에 전적으로 몰두하지 못했다. 치머만은 의학과 도덕학, 순수문학, 역사, 여행기, 혹은 일반 소설과 로맨스 소설에 이르기까지 유럽 전역의 다양한 출판사에서 이따금씩 발행하는 유명한 작품들을 대부분 읽어 나갔다. 그는 특히 각종 소설과 영국의 로맨스물을 대단히 즐겼다.

그러나 브뤼그에서 즐길 거리는 매우 한정적이었던 까닭에 무기력해진 데다 잔뜩 낙담하고 만 그는 사회생활을 멀리하고 은둔하는 삶을 살았다.

뛰어난 재능을 지닌 이 인물은 이 같은 상황에서 14년간 불편한 생활을 이어나갔다. 제아무리 업무에 매진하고 문학적 성과를 내고 또 친구들의 권유와 가족들의 노력이 더해진다 해도 줄곧 그의 정신을 갉아먹는 우울감과 불만만큼은 덜어내지 못했다. 어떤 시도에도 그의 기분은 나아지지 않았고 그렇게 시간은 흘러 어느덧 1768년 4월 초에 이르렀다. 이 무렵 그는 티소Tissot 박사와 혹스테틴Hockstettin 남작의 이해관계와 맞물려 하노버에 머물던 대영제국 왕의 주치의로 임명되었다. 그리하여 그해 7월 4일, 치머만은 브뤼그를 떠나 새 직장으로 향했다. 그곳에서 그는 다정한 아내를 잃고 깊은 슬픔에 빠졌다. 그의 아내는 오랜 시간 자신의 상태를 인내하고 체념한 끝에 1770년 6월 23일 치머만의 품에서 삶을 마감했다. 훗날 치머만은 이 사건을 매끄럽고도 감성적으로 기술해 냈다. 비단 아내뿐 아니라 치머만의 자식들 역시 그에겐 애달픈 괴로움과 깊은 고통의 원천이었다. 그의 딸은 아주 유아기 때부터 의학의 힘으로도 정복하지 못한 만성 폐결핵 증상에 시달리다 1781년 여름 숨을 거두었다. 역시나 그는 이 다정한 소녀의 성품과 우울한 사건을 마주한 아비의 괴로운 심정을 감동적으로 풀어냈다.

아들의 상태는 사랑하는 딸의 죽음보다 더 비참했다. 이 불운한 젊은이는 대학에 진학해 더없이 아름다운 상상의 나래를 펼친 동시에 학문에 대한 견고한 이해를 쌓

고독에 관하여

아갔다. 그러나 아주 어릴 적부터 주기적으로 시달려 온 심한 만성 연주창 탓인지, 아니면 학업에 너무 정진해서인지, 병약하고 무기력한 상태에 빠져 지내다 1777년 12월 삶을 마감함으로써 주변인들을 더없는 슬픔에 빠뜨리고 만다.

이제 가정 내에서 치머만의 안식처는 거의 사라진 듯했다. 그러다 마침내 그는 당시 뤼넨부르크에서 왕의 주치의로 근무한 M. 베르거Berger의 딸이자 베르거 남작의 조카를 만나게 된다. 그녀는 모든 면에서 그를 만족시키기에 충분했으므로 둘은 1782년 10월 무렵 부부가 되기에 이른다. 치머만은 신부보다 거의 서른 살 연상이었지만, 그의 천재성과 분별력만큼은 시들 줄 몰랐다. 더욱이 둘의 성격은 지극히 닮은 데가 있었기에 나이 차가 문제시되진 않았다.

저명하면서도 그가 가장 아낀 '고독에 관한 작품' 역시 바로 이 시기에 탄생했으며, 이는 해당 주제에 관한 그의 첫 글이 발행된 지 30년 만에 있는 일이었다. 그 작품은 총 네 권의 책으로 그중 첫 두 권은 1784년에, 나머지 두

권은 1786년에 발간되었다. 티소는 작품에 대해 다음과 같이 말하고 있다. "실용성과 재미를 모두 갖춘 이 작품은 가장 절묘한 개념과 명철한 관찰력, 지극한 타당성을 두루 선보인다. 동시에 실례의 탁월한 선택과 (이 이상의 경의나 칭찬을 표현하기란 쉽지 않으므로 필요 이상으로 그를 추켜세우지 않으려 한다) 종교에 대한 지속적인 관심이 돋보이며 그를 감명케 한 성스럽고도 근엄한 진실이 담겨 있다."

1785년 가을, 실레지아에서 자신의 부대를 사열하던 프로이센의 왕은 심한 감기를 앓았다. 이는 곧 그의 폐에 영향을 미쳐 9개월 후에는 수종으로 발전했다. 1786년 6월 6일과 16일 두 번에 걸쳐 왕은 치머만에게 서신을 보내 자신을 수행하도록 했고, 같은 달 23일 치머만은 포츠담에 당도한다. 그러나 그는 왕이 거의 회복하지 못할 것이란 사실을 알아차리고는 증상을 완화시킬 약제를 처방한후 7월 11일 하노버로 돌아간다. 그의 능력을 알아본 이는 비단 프리드리히Frederick 왕뿐만이 아니었다. 1788년 우울증을 앓던 영국 국왕의 상태는 주변 종속국과 전 유럽에 불안을 조성했다. 하노버 정부는 치머만을 런던과

고독에 관하여

가까운 네덜란드로 파견해 추후 그를 필요로 할 상황에 대비했다. 이후 그는 위협적 분위기가 완전히 가라앉을 때까지 헤이그에 머물렀다.

치머만은 새로이 부상한 철학자들의 위협적 신조를 밝히고, 독일의 왕족들에게 이 만만치 않은 세력을 저지하지 않음에 따른 위험을 알리고자 한 최초의 인물이기도 했다. 그는 여러 왕족을 설득하기에 이르렀고, 특히 레오폴트 2세Leopold II의 경우가 그러했다. 그는 공모자들을 두고 본다면 기독교 말살과 합법적 정부의 파괴가 야기될 것임을 왕에게 알렸다. 치머만의 이러한 노력 덕택에 제2의 조국을 위협하던 위험 요소는 줄어들었지만, 정작 그의 건강은 크게 손상되기에 이른다.

1794년 11월, 치머만은 잠시라도 제대로 휴식을 취하고자 강력한 아편에 손을 댄다. 이후 점차 식욕을 잃고 기운이 빠진 그는 쇠약해지고 수척해져만 갔다. 1795년, 치머만은 마차를 타고 가 환자 몇 명을 왕진했는데, 당시 그의 상태는 처방조차 제대로 쓰기 힘들 지경으로 병실로 올라가던 중에도 몇 번이고 정신을 잃었다. 이러한 증상은 결국 잦은 현기증으로 이어졌고 그는 결국 모든 업무를 중단해야 했다. 급기야 뇌의 축이 무너지기에 이르자 정신적으로 무능한 상태에 빠진 그는, 적이 집을 약탈하러 와 그와 가족들이 고통스럽고 궁핍한 상태에 빠지고 말 거라는 생각에 줄곧 사로잡혀 지냈다. 치머만의 의학 동기들 중에서도 특히 비흐만Wichman 박사는 그를 늘 곁에서 지켜보며 회복을 위한 충고와 조력을 아끼지 않았다. 박사는 여행과 기분 전환이 최고의 치료법이라 여겨 치머만을 홀슈타인 공작의 영지에 자리한 오이틴으로 보냈다. 그곳에서 석 달을 지낸 그는 1795년 6월경 하노버로 돌아왔고 상태가 크게 호전된 듯했다.

그러나 깊이 뿌리내린 치명적 병마를 완전히 물리치기엔 역부족이었다. 결국 얼마 지나지 않아 치머만은 다시 정신적 무능 상태에 빠져 버렸고, 수개월을 고통에 시달리며 간신히 목숨을 부지하면서도 약물 치료를 거부한 채 좀처럼 음식을 섭취하려 들지 않았다. 그는 줄곧 빈곤을 언급하며 그러한 환영에 사로잡혀 고통스러운 시간을 보냈다. 이따금씩 그가 제정신을 되찾는 듯할 때도 있었지만, 그건 단지 다가오는 자신의 죽음을 의식하기 위함

고독에 관하여

이었다. 그는 종종 담당 주치의에게 이렇게 말하곤 했다. "난 아주 천천히 고통스럽게 죽게 될 것이오."

죽음을 대략 열네 시간쯤 앞두고 그는 이렇게 외쳤다. "날 내버려 둬. 난 죽어가고 있어." 1795년 10월 7일, 요한 치머만은 단 한 번의 신음 소리도 내지 않은 채 66년 10개월의 생을 마감했다. 쇠약해진 신체와 지친 정신이 마침내 묵직한 죽음 아래로 가라앉은 것이다.

옮긴이 이민정

계명대학교 영어영문학과를 졸업했고 통번역가로 일했다. 현재 번역에이전시 엔터스코리아에서 번역가로 활동 중이다. 옮긴 책으로는《데미안》《거의 모든 죽음의 역사》《당신이 마음껏 기적을 빚어낼 수 있도록》《힐링 에너지 공명》《스탠딩 톨》《내 남은 생의 모든 것》《파리에서 보낸 한 시간》《루이스 헤이의 긍정 수업: 하루 10분, 21일 만에 끝내는》《허클베리 핀의 모험(출간예정)》《벤자민 버튼의 시간은 거꾸로 간다》《지리학의 모든 것(출간예정)》등이 있다.

고독에 관하여

초판 1쇄 2024년 9월 6일

지은이 요한 G. 치머만
옮긴이 이민정

발행인 박장희
대표이사 겸 제작총괄 정철근
본부장 이정아
편집장 조한별
책임편집 이상민

기획위원 박정호

마케팅 김주희 이현지 한륜아

디자인 어나더페이퍼

발행처 중앙일보에스㈜
주소 (03909) 서울 마포구 상암산로 48-6
등록 2008년 1월 25일 제2014-000178호
문의 jbooks@joongang.co.kr
홈페이지 jbooks.joins.com
네이버 포스트 post.naver.com/joongangbooks
인스타그램 @j__books

ISBN 978-89-278-8057-8 (03100)